2018·1 总65

中国税收季度报告

国家税务总局 编

China Taxation Quarterly Report

中国税务出版社

Contents 目录

■ 2018年·第1季度

税收要论

践行新发展理念　推动可持续发展

税收要论

税收收入

收入分析

税收要情

税收经济调研

税收政策解读

图书在版编目（CIP）数据

中国税收季度报告. 2018.1/国家税务总局编.
--北京：中国税务出版社，2018. 5
ISBN 978-7-5678-0690-0
Ⅰ. ①中… Ⅱ. ①国… Ⅲ. ①税收管理-工作报告-中国-2018 Ⅳ. ①F812.423

中国版本图书馆CIP数据核字（2018）第083984号

书　　名：中国税收季度报告（2018·1）
作　　者：国家税务总局　编
责任编辑：陈金艳　杨　鹤　孙晓萍
设计制作：李本洋
责任校对：于　玲
出版发行：中国税务出版社
地　　址：北京市丰台区广安路9号
国投财富广场1号楼11层
邮　　编：100055
网　　址：http://www.taxation.cn
E-mail：swcb@taxation.cn
印　　刷：北京天宇星印刷厂
规　　格：889毫米×1194毫米　1/16
印　　张：7.5
字　　数：180000字
版　　次：2018年5月第1版
2018年5月北京第1次印刷
书　　号：ISBN 978-7-5678-0690-0
定　　价：48.00元

目录

附录

大事记

相关经济数据

Contents

■ 2018 · 1

Editorial

Tax Revenue

Revenue Analysis

Tax Revenue Data

Important Tax News

Contents

2018 · 1

Tax Economic Research

Tax Policy Interpretation

Appendix

Memorabilia

Economic Data

坚定不移深化政治巡视

Take Firm Actions to Intensify Political Inspection

□ 国家税务总局党组书记、局长、巡视工作领导小组组长　王军

近日，中央办公厅印发了《中央巡视工作规划（2018-2022年）》，以习近平新时代中国特色社会主义思想为指导，深入贯彻党的十九大战略部署，充分体现了党中央一以贯之推进全面从严治党的鲜明态度和坚强决心。

近年来，税务系统巡视工作在探索中推进、在创新中提升，始终突出政治巡视这一鲜明定位；探索“发现问题——推动整改——完善制度——规范管理”和“巡视整改——专项整治——督导检查——推动问责”两个闭环管理；聚集税务总局、省级税务局、市级税务局三级联动合力；推进组织建设、队伍建设、能力建设、制度建设四项基础建设；实现提升“四个意识”、提升管党治党工作水平、提升党内政治生活规范性严肃性、提升自我监督成效、提升服务大局能力的五个提升发展。

面对新的形势和要求，税务总局党组及各级税务机关党组将认真领会《中央巡视工作规划（2018—2022年）》的重大意义，全面落实新精神新部署新要求，坚定不移深化政治巡视，推动税务系统全面从严治党向纵深发展。

深化政治巡视，必须以党的政治建设为统领

要紧密结合税务系统实际，督促税务系统各级党组织强化管党治党政治责任。一是督促税务系统各级党组织旗帜鲜明讲政治。坚决维护习近平总书记在党中央和全党的核心地位，坚决维护党中央权威和集中统一领导，坚决推动党中央重大决策部署和各项税收政策在税务系统落地生效。深入学习宣传贯彻党的十九大精神，用习近平新时代中国特色社会主义思想武装头脑、指导实践、推动工作。严守政治纪律和政治规矩，严肃党内政治生活。二是督促税务系统各级党组织锲而不舍落实中央八项规定及实施细则精神。密切关注“四风”新动向新表现，坚决防止回潮复燃。特别是坚决纠正表态多调门高、行动少落实差等形式主义问题和懒政怠政、不担当、不作为等官僚主义问题。三是督促税务系统各级党组织全面加强纪律建设。不断加强纪律教育，强化纪律执行，深化运用监督执纪“四种形态”，特别是在用好第一种形态上下更大功夫，抓早抓小，

防微杜渐。四是督促税务系统各级党组织标本兼治推进反腐败斗争。围绕税收执法权和行政管理权，严肃查处发票管理、出口退税、税务稽查、涉税中介、选人用人等方面存在的腐败问题。针对税务系统点多、线长、面广，且90%以上的税务干部在基层一线，直接与纳税人接触的状况，严厉整治基层“微腐败”等发生在群众身边的腐败问题，严肃查处基层税务干部吃拿卡要，任性任意执法、选择执法、情绪执法，收“过头税”、人情税、关系税等行为。

深化政治巡视，必须建立巡视巡察上下联动的监督网

要坚持和完善税务总局党组统一领导、分级负责和税务总局党组一级巡视、省级市级税务局党组两级巡察的税务系统巡视巡察领导体制和监督体系。要推进税务系统巡视巡察“一体化”建设，在总的布局上一体谋划，在工作安排上一体部署，在健全制度上一体规范，在队伍建设上一体落实，在监督力量上一体调度，在监督成果上一体运用，形成巡视巡察信息共享、成果共用、问题共治、效应叠加的工作局面。要强化巡视巡察组织保障，把巡视巡察作为发现、培养、锻炼干部的重要平台，选配拟任、新任“一把手”和后备干部担任巡视巡察组组长，完善巡视巡察专业人才库，注重从各级优秀干部中抽调人员到巡视巡察岗位锻炼。

深化政治巡视，必须高标准实现巡视巡察全覆盖

要制定税务系统巡视巡察五年工作规划，确保有序有效高质量实现巡视巡察全覆盖。要统筹安排常规巡视巡察，深化专项巡视巡察，强化“机动式”巡视巡察，推进巡视巡察“回头看”常态化，结合税务系统垂直管理特点探索“交叉巡察”“提级巡察”等方式方法。要把巡视监督和纪检监察、执法督察、内部审计、干部监督、督查督办等其他监督有机结合起来，进一步形成监督合力。

深化政治巡视，必须强化巡视巡察整改和成果运用。要强化税务系统被巡视巡察党组织整改主体责任，做到即知即改、立行立改、全面整改，并坚持标本兼治，对巡视巡察发现的问题深入剖析、追根溯源，推动体制机制改革和制度完善。要强化督查督办和追究问责，对整改责任不落实、整改不力的，抓住典型，严肃问责，以问责促整改，以问责促担当，以问责促落实，确保巡视巡察巡出威慑、巡出新风。

（本文原载于《中国纪检监察报》2018年2月22日）

践行新发展理念　推动可持续发展*

Implement the New Development Philosophy to Promote Sustainable Development

□ 国家税务总局党组书记、局长　王军

非常高兴应邀参加以“税收与可持续发展目标”为主题的第一届税收合作平台全球大会。今天是西方的情人节，我们因税结缘，情系发展，可谓是有缘万里来相会；今天又是中国传统佳节春节的“除夕”，“爆竹声中一岁除”是中国人民辞旧迎新的悠久传统。不过，为减少污染，中国不仅对鞭炮征收了消费税，还有越来越多的城市在限放或禁放鞭炮。特别有意思的是，电子鞭炮渐成时尚，既延续了民俗又保护了环境，折射出中国人民以创新的方式不断地将绿色发展理念融入可持续发展之中。今天早餐时，我同OECD税收政策与管理中心主任帕斯卡先生共同谈到了这一点。他对北京的天空越来越湛蓝给予了高度评价。

在这相聚与迎春的美好时刻，第一届税收合作平台全球大会的举办，开创了联合国、世界银行、国际货币基金组织、OECD四大国际组织共同推进税收国际合作的新格局。当前，世界经济正在发生深刻变革，各国人民对可持续发展目标的追求越来越强烈了。从这个意义上讲，本次大会聚焦“税收与可持续发展目标”，很有现实意义和战略意义。柏拉图说过，好的开端等于成功的一半。我谨代表中国国家税务总局，对大会召开表示热烈祝贺！

今年是中国实施改革开放40周年。40年来，中国经济迅速发展，社会不断进步，民生持续改善，不仅实现了自身的可持续发展，也有力地促进了全球发展事业。去年10月召开的中国共产党第十九次全国代表大会，更是鲜明提出坚持新发展理念、继续实施可持续发展战略。借此机会，我与大家一起分享一些中国税务部门主动融入、积极作为、支持服务可持续发展战略的有益实践。

一、打造绿色税制，推动可持续发展

中国传统文化讲究“天人合一”，意思是顺乎自然规律，达到人与自然的和谐发展。中国国家主席习近平指出，绿水青山就是金山银山。近年来，我们围绕支持绿色发展，建立健全了以环境保护税为主、多税种调节为辅的绿色税制体系，全流程、多环节运用税收杠杆撬动绿色发展。在资源开采和利用环节，全面推行资源税从价计征改革，建立了税收与资源价格直接挂钩的机制；去年，又在全国9个省扩大水资源税试点改革，节水成效十分明显；对废弃资源的综合利用，也给予了增值税和企业所得税优惠，促进了循环经济的发展。在生产和流通环节，今年1月1日环境保护税正式开征，促使排污企业加速绿色转型，让清洁生产企业获得更好更公平的发展环境。在消费和使用环节，我们对成品油、铅蓄电

* 本文系中国国家税务总局局长王军2018年2月14日在第一届税收合作平台全球大会上的主题发言。

池和涂料等可能带来环境污染的消费品课征消费税，引导绿色消费。地球是人类共同的家园，作为一个资源大国、人口大国、发展大国，加快并不断完善绿色税收体系建设，更好促进人与自然和谐共生，既是我们自身的需要，也是我们的国际责任。

二、支持创新驱动，推动可持续发展

创新是引领发展的第一动力。我们参与制定83项税收优惠政策，全力支持创新发展，并制发“大众创业、万众创新”税收优惠政策实施指引，方便企业享用。2012年以来，中国实施营业税改征增值税改革已累计减税超过2万亿元，取得了促进创业创新、催生新业新态等多重积极效应。创新理论之父、哈佛大学教授熊彼特曾打过一个生动比喻，来深刻阐述创新不是量的相加而是质的飞跃。他说：“你不管把多大数量的马车连续相加，也决不能得到一条铁路。”去年，我到中国高铁的摇篮——长春轨道客车公司调研，再次深刻感悟到这一点。该企业表示，高新技术企业所得税优惠、研发费用加计扣除等支持创新税收优惠政策的“高含金量”，迅速转化为研发创新的“高投入度”，促使高铁成为中国创新力持续跃升的典范。

我想说明的是，中国税务部门征管手段也在不断创新完善。金税三期工程全面上线，在中国税收发展史上首次实现了基础平台、应用软件等方面的大统一，为税收现代化插上了金色翅膀；增值税发票管理新系统全面推广，实现了对发票信息的“一网打尽”，在信息管税、防范风险、优化服务和辅助决策中发挥了越来越大的作用；“互联网+税务”行动计划稳步实施，提升了税收工作信息化水平，使中国税收征管搭乘了创新发展的高速列车；等等。

三、增强协调均衡，推动可持续发展

协调与均衡发展的重要性如鸟之两翼、车之四轮，处理愈好愈可行稳致远。近年来，中国在全局上谋势、于关键处落子，在推动区域协调发展、城乡协调发展等方面下了不少“好棋”。中国税务部门认真落实支持西部大开发的税收优惠政策，对符合条件的企业给予15%的企业所得税低税率优惠等；认真落实支持东北等老工业基地振兴、中部崛起等税收优惠政策，积极推动了区域协调发展。为更好支持“一带一路”建设、京津冀协同发展和长江经济带发展，我们分别出台了一系列跟进和改进税收服务与征管的措施。为推动城乡均衡发展和乡村振兴战略，我们配合财政部出台并认真落实了一系列惠及农业、农村、农民的税收优惠政策，有力地促进了城乡差距的缩小和美丽乡村的建设。“千钧将一羽，轻重在平衡”，税收促进均衡发展的作用越来越得到充分发挥和提升。

四、坚持开放包容，推动可持续发展

中华民族历来憧憬“大道之行，天下为公”的美好世界。习近平主席要求我们不断加强国际税收合作。中国税务部门认真落实这一要求，秉持开放发展理念，与25个国际组织和区域税收组织保持良好合作关系，与117个国家和地区建立了双边税收合作机制，并签署了《多边税收征管互助公约》《BEPS多边公约》。我们与“一带一路”沿线54个国家和地区签署了税收协定，发布了59份国别投资税收指南，并向若干国家开始派驻税务官员。我们在上海设立国际纳税服务中心，用中英文双语为跨国企业提供政策咨询，助力“走出去”，给力“请进来”。我们尽力帮助发展中国家和低收入国家提高税收征管能力，2015年以来为超过50个国家的400余名税务官员举办了22期培训班。

五、落实共享理念，推动可持续发展

中国是世界上最大的发展中国家，始终坚持发展为了人民、发展依靠人民、发展成果由人民共享。为国聚财、为民收税是我们的神圣使命，过去5年，中国税务部门累计组织税收收入超过55万亿人民币，其中2017年组织税收收入超过12万亿，为可持续发展提供了坚实财力保障。税收是财政收入的主要来源，每年财政支出中超过70%的部分直接用于民生领域，充分体现了税收取之于民用之于民造福于民的本质。“消除贫困”是联合国17个可持续发展目标的首要目标，过去5年，中国6600多万贫困人口稳定脱贫，被联合国誉为中国对世界最大的贡献之一，这其中由税收形成的财力支持发挥了不可或缺的作用，取消农业税、金融企业小额支农贷款税收优惠等一系列税收政策也起到了重要促进作用。脱贫是底线、安民是保障、富民是目标，过去5年，我们大力支持就业，呵护新产业、新业态健康发展，不断增强老百姓的获得感、幸福感，共享可持续发展的成果。

六、优化营商环境，推动可持续发展

中国国务院总理李克强指出，营商环境就是生产力。近年来，中国税务部门持续深化“放管服”改革，将原有的87项税务行政许可审批事项精简至7项，以高质量的税收管理和服务推动经济社会可持续发展；持续深化国税、地税合作，推出的纳税人“进一家门、办两家事”举措被中国政府确定为改革创新项目在全国推广；持续五年开展“便民办税春风行动”，税务总局累计出台26类90项、各地税务机关累计出台2万多项便民办税措施，第三方纳税人满意度调查得分逐次提高。世界银行《2018年营商环境报告》显示，中国办税时间比2012年缩短191小时。

女士们、先生们、朋友们：

中国有句古语：“积力之所举，则无不胜也；众智之所为，则无不成也。”可持续发展是税收全球治理的共同使命，中国愿意和各国际组织、各国税务部门一起共同营造合作共赢的国际税收环境，促进全球可持续发展。在此，我提三点倡议：

一是共建共享国际税收合作平台。对四大国际组织共同创办的国际税收合作平台，我们既要共同搭建好，更要共同维护好，让这个开放互惠的平台能够协调更多的组织、国家和地区开展国际税收合作，参与全球税收治理，分享更多的好经验，形成更多的好共识，在推动世界可持续发展的同时，实现平台的可持续发展。

二是深化合作不断提升各国税收征管能力。经济全球化和数字经济对国际税收规则和税收管理模式形成了新挑战，迫切需要各国深化合作，共同制定公平合理、普遍适用的国际税收规则，并将人工智能、大数据等新技术融入国际税收管理，提高税收征管能力和可持续发展质效。

三是落实好本次会议成果。各国应致力于共同促进可持续发展惠及更多国家和地区。这次会议还将集中讨论帮助发展中国家加强税收征管能力建设问题，我宣布，中国国家税务总局今年将为发展中国家举办6期税收征管能力建设培训班，将同OECD、FTA在中国共同举办世界税收热点问题国际研讨会，将在阿斯塔纳同哈萨克斯坦、OECD、FTA共同举办“一带一路”国际税收合作会议，希望各国税务部门能在相互交流和借鉴中，共同提升税收服务可持续发展的水平。

全国税收收入情况分析（2018年第1季度）

Analysis of the Nationwide Tax Revenue Situation (the First Quarter of 2018)

2018年一季度，全国税务部门组织的税收收入（未扣减出口退税）完成43049.93亿元，增长17.2%。全国共办理出口退税3807.42亿元，增长11.3%。扣除出口退税后，税务部门组织的税收收入完成39242.51亿元，增长17.8%。

一、税收收入较快增长

一季度，税务部门组织的税收收入增长17.2%(未扣减出口退税)，保持较快增长。分税种看，国内货物劳务税收入完成22674.34亿元，增长21.5%，其中国内增值税增长20.3%，国内消费税增长27.8%，车辆购置税增长24.5%。所得税收入完成13229.9亿元，增长14.9%，其中企业所得税和个人所得税分别增长11.9%和20.9%。财产行为税收入完成7145.67亿元，增长9%，其中证券交易印花税增长31.3%，资源税、城市维护建设税、房产税和契税分别增长19.2%、18.4%、12%和18.3%。

二、中央级和地方级税收收入协调增长

一季度，税务部门组织的中央级和地方级税收收入分别完成22518.22亿元和20531.71亿元，分别增长19.4%和14.9%，中央级税收收入增幅略高于地方级税收收入。与前两年相比，中央级和地方级税收增长的协调性增强。

三、第二、三产业税收均较快增长

一季度，第二、三产业税收收入分别增长20.4%和14.5%，第二产业税收增长仍然强劲，第三产业税收增长较去年有所加快。第二产业中,采矿业税收增长24.1%，制造业税收增长19.5%，其

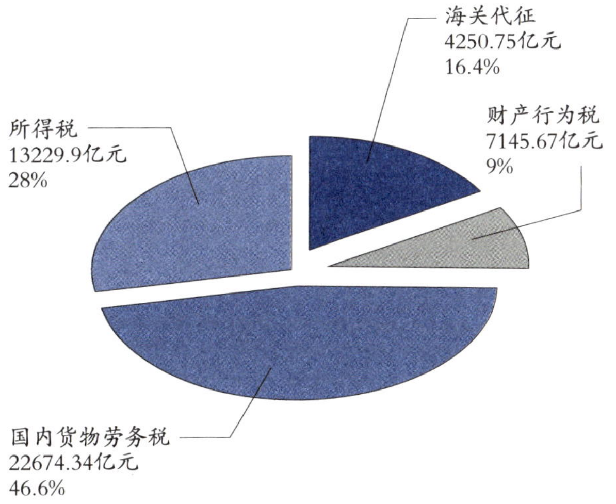

图1　税收收入分税种结构图示（2018年1季度）

中非金属矿物制品、钢铁等资源类行业税收收入仍然保持较快增长，增幅分别为52%、126.8%、

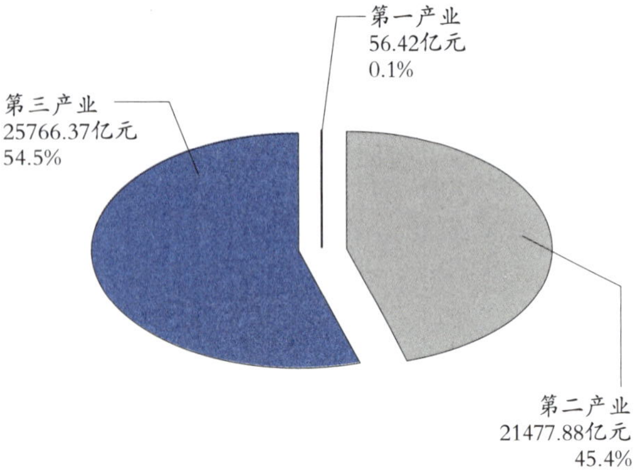

图2　税收收入分产业结构图示（2018年1季度）

建筑业税收增长30.3%。第三产业中，各主要行业税收增长格局与去年基本一致。批发和零售业、软件和信息技术服务业、租赁和商务服务业等行业税收继续较快增长，分别增长20.7%、31.1%和15.9%；金融业税收增长仍然低迷，增速为5.2%；房地产业税收增长平稳，增速为12.2%。

四、中西部地区税收增速高于东部地区

一季度，东、中、西三大区域税收分别增长14.3%、21.5%和23.7%，中、西部地区增速分别高于东部地区7.2和9.4个百分点。具体看，全国36个省区市税收增速在10%以上的地区有30个，增速介于0%和10%之间的地区有6个。

税务部门组织收入分税种完成情况

Tax Revenue Collected by Taxation Departments by Category of Taxes

项　目	2017年一季度收入(亿元)	增长(%)	2018年一季度收入(亿元)	增长(%)
税收收入合计	40390.09	13.76	47300.68	17.11
其中：（一）税务部门组织收入	36739.10	11.49	43049.93	17.18
1. 国内增值税	14619.61	77.11	17590.39	20.32
2. 国内消费税	3176.05	5.51	4059.72	27.82
3. 营业税	102.15	-98.19	67.48	-33.95
4. 企业所得税	7721.90	18.03	8639.02	11.88
5. 个人所得税	3796.86	20.89	4590.88	20.91
6. 资源税	340.08	62.84	405.29	19.18
7. 城镇土地使用税	564.41	9.36	590.21	4.57
8. 城市维护建设税	1162.43	5.27	1376.19	18.39
9. 印花税	629.29	1.17	768.21	22.08
其中：证券交易印花税	315.22	-11.38	414.14	31.38
10. 土地增值税	1410.21	26.13	1428.13	1.27
11. 房产税	562.59	12.98	629.97	11.98
12. 车船税	196.93	12.80	209.08	6.17
13. 车辆购置税	768.29	18.48	956.76	24.53
14. 烟叶税	3.35	-61.99	2.61	-22.10
15. 耕地占用税	512.09	8.51	348.51	-31.94
16. 契税	1172.77	8.53	1387.45	8.69
17. 环境保护税			0.01	
（二）海关代征进口税收	3650.99	43.18	4250.75	16.43

注：表中“税收收入”不含关税和船舶吨税，未扣减出口退税。

各税种

Tax Revenue by

年	月	国内增值税	国内消费税	企业所得税	个人所得税	资源税	城镇土地使用税	城市维护建设税
				收　入（亿元）				
2016	1-12	40829.99	10368.09	29123.44	10090.38	950.81	2256.66	4050.55
2017	1-12	56125.53	10395.56	32337.38	11961.24	1353.12	2360.47	4354.89
2017	1	6391.22	986.42	5808.46	1311.17	125.13	316.79	514.60
	2	4085.57	1292.37	754.68	1500.06	101.11	76.53	359.53
	3	4142.82	897.26	1158.75	985.64	113.85	171.10	288.30
	4	5061.78	978.40	4604.42	936.47	108.11	322.62	402.38
	5	4022.76	879.78	4462.99	966.35	115.58	152.14	306.29
	6	4878.26	883.62	4514.25	1037.12	132.23	262.04	334.69
	7	5024.16	851.54	4702.48	900.02	106.53	296.00	406.45
	8	3925.59	868.84	748.14	869.70	110.58	57.29	321.19
	9	4455.54	977.71	793.13	849.83	115.67	125.62	336.09
	10	5462.81	826.09	4146.45	878.99	111.01	294.18	421.42
	11	4049.87	629.98	472.93	847.54	106.60	121.18	317.63
	12	4625.16	323.56	170.70	878.36	106.74	165.00	346.32
	1-3	14619.61	3176.05	7721.90	3796.86	340.08	564.41	1162.43
2018	1	7528.25	1280.94	6584.05	1573.77	159.97	337.95	581.32
	2	5341.65	1628.35	983.52	1261.91	126.81	80.84	458.72
	3	4720.49	1150.44	1071.46	1755.20	118.51	171.42	336.15
	1-3	17590.39	4059.72	8639.02	4590.88	405.29	590.21	1376.19
				比上年同期增长（%）				
2016	1-12	30.8	-2.6	5.1	17.1	-8.1	5.3	3.6
2017	1-12	37.5	0.3	11.0	18.5	42.3	4.6	7.5
2017	1	106.4	9.6	21.6	16.8	61.9	19.3	11.4
	2	45.4	-6.6	-10.4	70.0	73.1	3.6	1.2
	3	76.4	23.5	25.5	-13.2	55.7	-3.2	0.4
	4	100.3	18.1	17.9	10.2	80.2	21.3	-3.3
	5	57.3	4.2	18.2	12.8	68.1	22.8	-14.5
	6	34.6	5.7	5.8	22.6	30.3	16.1	17.8
	7	20.0	3.3	5.5	17.3	53.4	14.1	19.6
	8	21.6	4.0	10.0	19.1	64.1	-15.4	19.9
	9	21.4	12.5	16.2	19.7	25.7	-20.3	18.9
	10	11.8	-10.6	8.6	25.5	34.4	6.9	14.5
	11	6.1	-13.8	-15.8	19.1	7.6	-21.5	4.5
	12	13.4	-51.4	-60.7	12.9	5.5	-21.7	6.5
	1-3	77.1	5.5	18.0	20.9	62.8	9.4	5.3
2018	1	17.8	29.9	13.4	20.0	27.8	6.7	13.0
	2	30.7	26.0	30.3	-15.9	25.4	5.6	27.6
	3	13.9	28.2	-7.5	78.1	4.1	0.2	16.6
	1-3	20.3	27.8	11.9	20.9	19.2	4.6	18.4

收入情况

Category of Taxes

印花税		土地增值税	房产税	车船税	车辆购置税	烟叶税	耕地占用税	契税	海关代征进口税收
	证券交易印花税								
收　入（亿元）									
2216.99	1256.17	4213.20	2221.90	680.56	2674.09	130.71	2008.15	4296.13	12879.95
2210.49	1070.15	4911.41	2604.32	771.54	3280.60	115.72	1651.84	4908.71	16035.71
297.76	127.95	532.76	322.96	66.60	292.29	2.53	80.90	325.02	1091.74
164.38	94.95	326.49	101.78	72.91	208.42	0.32	79.43	289.45	1153.32
167.14	92.32	550.96	137.86	57.42	267.58	0.50	351.75	558.30	1405.93
215.53	118.71	416.87	401.43	72.34	237.99	0.04	94.68	412.38	1276.52
175.90	98.67	474.81	230.57	61.28	266.92	0.03	137.37	425.70	1360.89
162.50	72.65	601.02	190.14	64.46	262.71	6.78	402.56	531.42	1345.67
186.07	85.98	365.11	263.41	67.06	258.49	1.24	59.51	373.22	1343.50
187.12	105.47	321.99	74.86	54.94	286.04	3.79	59.97	409.26	1341.63
217.07	132.09	388.60	114.68	59.77	302.99	37.50	146.40	430.84	1394.77
177.45	77.03	313.60	384.52	65.12	277.89	34.95	52.07	292.71	1280.08
125.49	43.02	282.31	202.48	59.57	314.50	22.06	74.91	366.01	1502.96
134.07	21.31	336.89	179.65	70.08	304.77	5.98	112.29	494.41	1538.71
629.29	315.22	1410.21	562.59	196.93	768.29	3.35	512.09	1172.77	3650.99
403.12	214.52	588.83	402.99	74.16	385.52	2.17	44.48	408.14	1508.10
205.44	113.88	365.89	97.94	83.48	282.46	0.28	69.68	401.54	1237.24
159.65	85.74	473.42	129.04	51.44	288.78	0.16	234.36	577.77	1505.41
768.21	414.14	1428.13	629.97	209.08	956.76	2.61	348.51	1387.45	4250.75
比上年同期增长（%）									
-35.6	-50.8	9.9	8.3	10.2	-4.2	-8.5	-1.95	10.73	2.09
-0.3	-14.8	16.6	17.2	13.4	22.7	-11.5	-17.74	14.26	24.50
3.5	-12.0	25.7	28.1	11.0	6.2	-31.5	-7.07	-1.70	40.27
1.9	-6.0	23.3	21.3	9.2	27.6	-62.5	0.93	15.35	51.13
-3.3	-15.6	28.3	-14.9	20.1	27.6	-88.2	14.89	35.25	39.42
-2.4	-9.3	10.2	28.8	12.0	21.1	-57.4	82.12	30.38	26.99
0.2	-3.7	27.2	10.6	5.3	25.5	-95.1	50.37	26.60	29.82
-1.8	-23.8	28.1	28.9	10.0	32.1	66.7	-4.17	12.46	25.92
-10.4	-32.7	14.4	26.9	30.0	31.0	-22.6	-31.23	21.76	18.00
-2.4	-19.8	13.1	15.0	14.2	32.4	12.1	-42.62	16.29	18.76
54.3	80.9	18.8	-4.8	8.1	31.6	7.6	-18.68	20.70	28.51
19.0	12.5	-0.8	19.0	15.7	26.3	-8.8	-48.68	-1.12	15.66
-34.3	-63.9	-8.5	18.2	8.7	22.8	-22.8	-49.73	-7.03	19.52
-12.4	-58.9	5.5	6.6	19.7	2.4	-42.5	-68.03	4.84	3.26
1.2	-11.4	26.1	13.0	12.8	18.5	-62.0	8.51	17.94	43.18
35.4	67.7	10.5	24.8	11.3	31.9	-13.9	-45.03	25.57	38.14
25.0	19.9	12.1	-3.8	14.5	35.5	-13.4	-12.28	38.72	7.28
-4.5	-7.1	-14.1	-6.4	-10.4	7.9	-68.7	-33.37	3.49	7.08
22.1	31.4	1.3	12.0	6.2	24.5	-22.1	-31.94	18.30	16.43

重点行业货物
Goods and Service Tax

年	月	工业增值税及消费税	卷烟	酒	纺织品	煤炭	原油	成品油	电力
收 入（亿元）									
2016	**1-12**	31828.01	6373.85	419.79	465.60	796.62	283.58	4792.09	2338.07
2017	**1-12**	35674.35	6334.22	509.19	491.91	1587.34	457.78	4874.57	1943.03
2017	**1**	3201.54	500.57	62.08	38.44	142.32	18.35	476.81	133.67
	2	3068.85	928.08	57.29	28.83	122.29	21.29	518.85	144.48
	3	3233.87	451.41	40.06	45.55	143.19	45.44	527.72	154.45
	4	2960.70	588.69	41.43	35.46	145.99	51.64	431.69	153.88
	5	2929.06	518.54	35.21	41.12	145.25	48.77	443.49	166.67
	6	3520.01	514.69	43.53	60.38	147.25	51.21	435.46	182.79
	7	2630.37	492.02	44.91	29.08	120.84	36.32	385.57	145.54
	8	2788.61	550.85	44.36	34.30	140.01	34.30	399.55	214.96
	9	3260.59	608.82	52.04	48.21	143.21	39.68	453.73	198.75
	10	2982.03	544.01	39.27	40.62	131.62	35.80	355.02	162.33
	11	2555.52	370.92	28.10	37.93	109.44	41.36	318.91	160.59
	12	2543.19	265.62	20.92	52.00	95.92	33.62	127.77	124.91
	1-3	9504.27	1880.06	159.43	112.82	407.81	85.08	1523.39	432.61
2018	**1**	3849.69	719.41	76.59	42.27	173.73	19.59	551.91	137.64
	2	4061.12	1186.23	87.51	33.43	153.51	25.63	581.90	198.83
	3	3527.38	649.11	58.20	40.77	133.97	53.42	550.31	160.02
	1-3	11438.19	2554.75	222.30	116.46	461.20	98.63	1684.12	496.49
比上年同期增长（%）									
2016	**1-12**	-1.4	-1.9	1.9	-9.6	-2.0	-38.9	-4.7	-0.8
2017	**1-12**	12.1	-0.6	21.3	5.7	99.3	61.4	1.7	-16.9
2017	**1**	14.4	10.9	93.1	-0.3	219.8	15.5	9.8	-15.2
	2	-3.8	-17.6	15.1	-17.9	178.8	264.4	18.7	-23.7
	3	38.3	28.3	18.3	11.5	195.8	362.8	21.0	-22.5
	4	21.5	29.9	32.7	18.4	184.0	283.1	2.6	-10.5
	5	14.7	12.2	15.3	10.2	166.4	98.9	1.2	-21.0
	6	23.0	11.0	26.9	15.9	143.5	79.8	1.0	-17.3
	7	8.0	-1.1	18.7	1.4	109.9	34.2	-4.3	-27.7
	8	15.6	8.1	30.5	2.7	134.3	2.5	2.2	-5.5
	9	17.8	17.8	24.9	7.6	99.6	26.0	9.2	-15.1
	10	4.7	-7.2	-4.6	6.4	50.9	15.6	-9.2	-18.2
	11	-1.6	-11.1	-8.1	-10.5	-3.4	23.6	-13.9	-17.4
	12	-1.6	-50.6	-7.7	17.3	-7.6	15.6	-42.9	-5.5
	1-3	14.2	-2.5	37.7	-1.5	198.2	169.7	16.5	-20.8
2018	**1**	20.2	43.7	23.4	10.0	22.1	6.7	15.7	3.0
	2	32.3	27.8	52.7	15.9	25.5	20.4	12.2	37.6
	3	9.1	43.8	45.3	-10.5	-6.4	17.6	4.3	3.6
	1-3	20.3	35.9	39.4	3.2	13.1	15.9	10.6	14.8

劳务税收入情况

Revenue by Principal Industries

化工产品	机械运输设备	钢坯钢材	有色金属	建材	服装皮革	电气器材	电信设备	商业增值税	营改增
收　入（亿元）									
1055.51	4870.65	352.56	383.65	885.99	680.11	1146.22	1123.69	7024.55	12345.52
1284.74	5543.35	482.74	555.76	1160.59	738.51	1300.32	1447.37	8721.43	22125.31
113.34	595.86	22.61	39.98	100.48	57.27	123.45	104.41	988.95	3187.14
84.79	394.67	23.65	35.07	72.60	47.23	63.32	63.15	834.03	1475.05
106.02	504.36	38.01	52.89	65.89	84.82	121.01	232.76	589.47	1216.75
100.43	468.11	34.13	43.56	77.34	54.01	103.59	109.23	696.51	2382.96
100.94	441.23	34.39	46.19	92.89	60.70	98.02	116.40	623.69	1349.79
134.90	552.62	47.00	61.54	115.14	86.48	159.86	194.77	693.56	1548.31
96.26	396.77	36.29	41.40	88.60	40.89	98.03	76.97	718.93	2526.40
95.59	380.47	50.90	46.29	95.62	46.35	85.47	70.51	620.41	1385.40
113.99	440.07	62.06	51.55	113.91	66.48	114.02	128.93	686.91	1485.76
121.09	443.39	53.47	46.50	113.89	62.05	116.05	95.00	801.20	2505.66
107.40	428.58	34.16	49.30	109.04	52.90	83.86	86.62	699.34	1424.99
109.99	497.23	46.05	41.49	115.20	79.32	133.65	168.63	768.43	1637.09
304.14	1494.90	84.27	127.94	238.97	189.32	307.77	400.31	2412.45	5878.94
132.45	604.26	64.01	49.45	148.35	61.58	126.61	112.41	1195.50	3764.00
128.16	494.75	64.29	48.02	127.41	49.62	76.00	82.46	972.86	1936.02
105.48	468.12	60.41	47.63	94.54	79.97	122.10	217.67	754.03	1589.53
366.10	1567.13	188.72	145.10	370.31	191.17	324.71	412.55	2922.38	7289.54
比上年同期增长（%）									
6.0	3.9	1.9	6.2	6.2	-12.1	-1.6	-4.6	11.7	276.0
21.7	13.8	36.9	44.9	31.0	8.6	13.4	28.8	24.2	79.2
27.5	15.5	37.3	49.6	35.1	-0.3	4.3	15.6	34.6	587.8
6.5	-3.8	36.5	86.1	21.7	-4.0	-17.8	-24.6	24.1	342.9
44.4	50.9	45.7	116.5	44.5	23.3	33.8	81.1	41.7	279.2
15.5	13.2	25.2	56.8	35.3	11.5	19.8	69.6	28.3	532.9
13.4	19.0	0.7	65.1	31.7	8.0	9.8	22.3	26.4	281.5
30.9	27.9	1.2	51.9	30.4	26.1	28.0	71.9	29.6	45.7
13.0	19.6	44.5	53.0	34.0	5.4	11.7	20.8	17.1	28.8
14.9	18.9	129.0	54.2	36.5	-2.2	26.3	-2.8	24.8	20.1
23.1	18.2	62.8	39.1	38.9	5.3	21.8	5.9	23.9	22.2
30.1	-2.2	83.6	20.4	35.8	10.4	4.5	-12.1	17.9	9.8
20.2	-3.7	-6.1	17.7	16.4	-9.5	-5.6	3.5	16.0	5.8
20.8	5.5	36.0	-3.0	21.9	17.5	20.5	71.2	12.6	10.9
25.7	18.6	40.7	82.8	33.0	7.9	7.7	32.3	32.4	426.1
16.9	1.4	183.1	23.7	47.6	7.5	2.6	7.7	20.9	18.1
51.2	25.4	171.9	36.9	75.5	5.1	20.0	30.6	16.6	31.3
-0.5	-7.2	58.9	-9.9	43.5	-5.7	0.9	-6.5	27.9	30.6
20.4	4.8	123.9	13.4	55.0	1.0	5.5	3.1	21.1	24.0

重点行业所得税收入情况

Income Tax Revenue by Principal Industries

年	月	企业所得税										个人所得税		
			工业	商业	金融保险业	交通运输业	建筑业	电信业	住宿餐饮业	租赁及商务服务业	房地产业		利息、股息、红利所得	工资薪金
		收　入（亿元）												
2016	**1-12**	29123.44	7328.93	2748.32	8801.97	653.18	1616.33	474.09	95.87	1890.79	3641.23	10090.38	895.28	6707.37
2017	**1-12**	32337.38	8682.09	3305.37	7993.53	775.67	1507.08	459.65	113.50	2290.35	4976.56	11961.24	1009.96	8093.14
2017	**1**	5808.46	1737.94	724.25	947.90	131.34	317.18	40.79	21.62	469.51	920.67	1311.17	118.35	857.63
	2	754.68	143.46	52.45	253.32	20.70	62.28	15.53	1.41	45.01	105.13	1500.06	85.76	1226.49
	3	1158.75	264.21	95.27	331.20	31.24	54.08	11.22	2.62	82.79	180.84	985.64	73.91	631.53
	4	4604.42	1552.43	562.98	1007.30	120.53	156.03	109.88	20.28	276.56	522.33	936.47	84.20	614.64
	5	4462.99	907.77	395.87	1312.29	81.83	195.03	35.08	11.45	355.11	849.59	966.35	118.76	616.75
	6	4514.25	596.80	247.57	1854.69	65.22	158.86	51.02	6.05	378.84	989.92	1037.12	101.91	696.59
	7	4702.48	1529.75	556.26	925.68	140.46	177.56	77.85	19.67	322.68	614.37	900.02	95.40	567.01
	8	748.14	179.83	51.06	253.56	15.44	49.26	11.86	1.62	50.55	95.32	869.70	84.25	574.84
	9	793.13	176.96	58.16	221.84	30.41	47.60	34.02	1.71	53.42	103.29	849.83	80.15	553.89
	10	4146.45	1426.32	507.53	747.58	123.40	196.44	68.29	23.56	228.88	515.39	878.99	61.44	579.31
	11	472.93	132.01	49.64	95.56	11.25	43.78	4.94	1.93	30.06	66.00	847.54	53.00	581.67
	12	170.70	34.59	4.31	42.60	3.85	48.97	–0.83	1.58	–3.06	13.70	878.36	52.84	592.79
	1-3	7721.90	2145.62	871.98	1532.43	183.27	433.55	67.54	25.65	597.31	1206.64	3796.86	278.01	2715.64
2018	**1**	6584.05	2102.50	873.01	846.47	152.53	353.49	44.04	25.04	550.31	1036.55	1573.77	134.59	1055.35
	2	983.52	257.18	118.19	239.44	30.43	71.99	13.78	1.75	65.43	125.94	1261.91	87.96	901.95
	3	1071.46	262.46	135.68	301.35	24.00	62.49	5.89	1.56	60.84	129.70	1755.20	106.58	1398.78
	1-3	8639.02	2622.14	1126.88	1387.26	206.96	487.98	63.71	28.35	676.58	1292.19	4590.88	329.13	3356.08
		比上年同期增长（%）												
2016	**1-12**	5.1	–1.3	–2.1	2.7	–4.3	2.8	6.5	16.3	7.5	26.8	17.1	0.1	19.9
2017	**1-12**	11.0	18.5	20.3	–9.2	18.8	–6.8	–3.0	18.4	21.1	36.7	18.5	12.8	20.7
2017	**1**	21.6	22.9	20.9	0.8	7.7	25.6	–22.5	32.6	12.4	58.6	16.8	–14.6	17.5
	2	–10.4	–4.3	–42.6	–10.5	–8.1	–25.2	–0.4	–29.0	3.2	46.8	70.0	48.5	83.8
	3	25.5	27.2	23.9	21.9	54.9	–45.1	–23.8	42.0	22.3	62.4	–13.2	–0.8	–26.2
	4	17.9	25.8	19.7	7.0	23.4	–38.5	–2.6	40.2	24.1	62.6	10.2	27.4	16.0
	5	18.2	57.7	48.9	–22.9	9.8	–12.9	42.2	13.7	42.0	100.5	12.8	–1.9	15.3
	6	5.8	–3.6	14.9	3.6	30.0	–10.0	–14.0	–7.7	11.0	26.2	22.6	29.0	20.1
	7	5.5	15.6	17.9	–25.3	34.2	12.7	–11.9	21.1	39.7	10.0	17.3	30.8	21.3
	8	10.0	14.1	28.5	3.7	–15.5	–4.9	2.8	–28.0	263.6	3.0	19.1	35.7	22.0
	9	16.2	10.6	7.4	–0.2	78.0	7.4	244.5	–13.9	49.8	13.3	19.7	28.6	22.2
	10	8.6	9.6	24.5	–9.5	22.6	16.8	–17.5	26.4	51.0	12.8	25.5	14.1	26.8
	11	–15.8	50.7	110.5	–53.4	–25.0	–5.9	–13.8	–56.3	–68.8	–27.5	19.1	9.5	25.7
	12	–60.7	–64.5	–86.9	–68.8	–63.3	–17.9	–79.7	40.8	–116.2	–76.4	12.9	–9.9	18.9
	1-3	18.0	21.1	13.6	2.5	11.4	–0.2	–18.6	27.4	12.9	58.0	20.9	2.7	20.6
2018	**1**	13.4	21.0	20.5	–10.7	16.1	11.4	8.0	15.8	17.2	12.6	20.0	13.7	23.1
	2	30.3	79.3	125.3	–5.5	47.0	15.6	–11.3	23.7	45.4	19.8	–15.9	2.6	–26.5
	3	–7.5	–0.7	42.4	–9.0	–23.2	15.5	–47.5	–40.7	–26.5	–28.3	78.1	44.2	121.5
	1-3	11.9	22.2	29.2	–9.5	12.9	12.6	–5.7	10.5	13.3	7.1	20.9	18.4	23.6

税务部门组织税收收入分级次分国税局地税局情况

Tax Revenue by Budgetary Level Collected by National and Local Taxation Departments

年	月	中央级	地方级	国税局	地税局
		收　入（亿元）			
2016	1-12	62568.62	65050.46	76563.20	51055.88
2017	1-12	71382.22	68316.79	94062.72	45636.29
2017	1	9091.35	8326.08	11828.50	5588.93
	2	5061.32	4375.36	6218.87	3217.82
	3	4710.99	5173.99	6231.37	3653.61
	4	7397.79	6899.44	9878.15	4419.08
	5	6877.67	5835.88	8478.86	4234.69
	6	7600.09	6708.90	9275.09	5033.89
	7	7257.19	6630.63	9696.37	4191.46
	8	4274.76	4049.71	5679.94	2644.52
	9	4707.03	4668.71	6425.43	2950.32
	10	7024.63	6736.51	9693.59	4067.55
	11	3834.41	4184.95	5327.54	2691.82
	12	3544.98	4726.61	5329.00	2942.59
	1-3	18863.66	17875.43	24278.74	12460.36
2018	1	10734.36	9651.86	13957.49	6428.72
	2	6127.33	5281.05	8046.95	3361.44
	3	5656.52	5598.81	7025.26	4230.07
	1-3	22518.21	20531.72	29029.70	14020.23
		比上年同期增长（%）			
2016	1-12	2.5	4.3	11.7	-6.9
2017	1-12	14.1	5.0	22.9	-10.6
2017	1	29.6	3.3	50.5	-22.6
	2	9.4	5.3	22.3	-13.0
	3	21.9	-1.0	54.1	-27.6
	4	27.0	-10.1	47.4	-35.0
	5	11.5	-4.9	28.3	-25.7
	6	15.7	15.6	18.7	10.4
	7	8.8	17.1	10.5	17.8
	8	14.4	17.4	16.7	14.1
	9	19.9	16.0	21.7	10.4
	10	7.5	11.3	8.3	11.8
	11	0.6	0.6	1.6	-1.2
	12	-7.3	2.0	0.0	-5.8
	1-3	21.7	2.4	42.9	-21.9
2018	1	18.1	15.9	18.0	15.0
	2	21.1	20.7	29.4	4.5
	3	20.1	8.2	12.7	15.8
	1-3	19.4	14.9	19.6	12.5

注：表中“中央级”“国税局”税收收入不含海关代征税收。

东、中、西部税务部门组织税收收入情况

Tax Revenue Collected by Taxation Departments in Eastern, Central and Western Regions

年	月	税收收入	东部	中部	西部
收入（亿元）					
2016	**1-12**	127619.08	83666.24	22251.34	21701.51
2017	**1-12**	139699.01	90184.40	25281.78	24232.83
2017	**1**	17417.43	11818.93	2874.39	2724.11
	2	9436.69	5931.24	1795.53	1709.93
	3	9884.99	6302.61	1865.63	1716.75
	4	14297.23	9672.89	2359.87	2264.47
	5	12713.55	8518.58	2114.98	2079.99
	6	14308.99	9545.11	2499.14	2264.74
	7	13887.83	9269.72	2352.17	2265.94
	8	8324.47	5112.42	1634.16	1577.89
	9	9375.74	5710.56	1924.72	1740.46
	10	13761.14	8752.56	2510.88	2497.70
	11	8019.36	4690.07	1594.71	1734.58
	12	8271.59	4859.72	1755.59	1656.28
	1-3	36739.10	24052.78	6535.54	6150.78
2018	**1**	20386.21	13524.07	3429.39	3432.75
	2	11408.38	6935.46	2329.52	2143.41
	3	11255.33	7039.97	2179.96	2035.41
	1-3	43049.93	27499.49	7938.87	7611.57
比上年同期增长（%）					
2016	**1-12**	3.4	4.4	2.4	0.7
2017	**1-12**	9.5	7.8	13.6	11.7
2017	**1**	15.5	12.4	22.0	23.7
	2	7.4	3.5	12.2	17.8
	3	8.7	10.1	7.0	5.8
	4	5.9	7.3	4.0	2.4
	5	3.3	0.0	12.5	8.9
	6	15.6	13.6	23.6	15.9
	7	12.6	8.6	20.2	23.1
	8	15.8	10.8	24.7	25.2
	9	17.9	15.6	24.4	19.0
	10	9.3	6.4	13.0	16.7
	11	0.6	0.6	-0.7	1.9
	12	-2.2	1.8	1.1	-14.8
	1-3	11.5	9.4	14.7	16.6
2018	**1**	17.0	14.4	19.3	26.0
	2	20.9	16.9	29.7	25.4
	3	13.9	11.7	16.8	18.6
	1-3	17.2	14.3	21.5	23.7

注： 1. 表中税收收入不含海关代征税收。
2. 表中“东部”地区包括北京、天津、河北、辽宁、上海、江苏、浙江、福建、山东、广东和海南。
3. 表中“中部”地区包括山西、吉林、黑龙江、安徽、江西、河南、湖北和湖南。
4. 表中“西部”地区包括内蒙古、广西、四川、重庆、贵州、云南、西藏、陕西、甘肃、青海、宁夏和新疆。

分地区分国税局地税局税收收入情况(2018年第1季度)

Tax Revenue Collected by National and Local Taxation Departments by Region (the First Quarter of 2018)

地　区	税收收入(亿元)	增长(%)	国税局税收收入(亿元)	增长(%)	地税局税收收入(亿元)	增长(%)
全　国	43049.93	17.2	29029.70	19.6	14020.23	12.5
北　京	3220.38	0.3	2191.63	-0.1	1028.75	1.2
天　津	918.33	0.9	641.57	7.7	276.75	-11.9
河　北	1453.51	22.8	956.98	25.0	496.53	18.9
山　西	815.02	30.1	539.64	30.3	275.38	29.8
内蒙古	687.21	8.7	449.08	29.8	238.13	-16.7
辽　宁	807.56	16.8	579.47	17.8	228.09	14.4
大　连	324.05	6.9	226.48	9.0	97.57	2.4
吉　林	505.63	9.4	354.04	10.8	151.59	6.3
黑龙江	538.43	15.1	348.78	15.1	189.65	15.2
上　海	4439.42	12.1	3208.50	17.2	1230.92	0.9
江　苏	3875.19	19.6	2637.52	20.6	1237.67	17.6
浙　江	2564.02	24.7	1621.62	29.5	942.40	17.1
宁　波	842.03	20.3	587.62	21.8	254.41	16.9
安　徽	1205.81	20.4	803.59	26.4	402.22	10.0
福　建	851.96	12.7	536.95	14.1	315.02	10.4
厦　门	338.93	21.3	190.98	18.4	147.95	25.4
江　西	950.02	26.4	631.42	34.3	318.60	13.1
山　东	1966.17	22.2	1267.81	30.2	698.36	9.9
青　岛	471.82	15.0	304.01	20.6	167.81	6.0
河　南	1302.28	24.6	848.21	23.9	454.07	26.0
湖　北	1549.35	21.0	1042.67	26.8	506.68	10.7
湖　南	1072.33	19.0	743.73	17.3	328.60	23.2
广　东	3396.35	13.7	2221.08	12.7	1175.27	15.7
深　圳	1706.69	13.7	1032.60	14.8	674.09	12.0
广　西	618.06	19.4	422.13	21.7	195.93	14.7
海　南	323.09	25.8	205.87	26.1	117.21	25.3
重　庆	742.50	15.8	474.74	14.1	267.76	18.8
四　川	1476.18	20.8	963.79	21.1	512.39	20.3
贵　州	792.18	29.9	542.47	40.9	249.71	11.2
云　南	939.91	39.2	719.72	41.6	220.19	32.0
西　藏	112.27	20.1	112.27	20.1		
陕　西	1035.98	37.1	760.30	36.0	275.68	40.4
甘　肃	388.92	19.8	293.81	16.3	95.11	32.0
青　海	115.86	19.8	80.48	17.2	35.38	26.3
宁　夏	160.11	8.9	117.31	11.2	42.79	3.1
新　疆	542.39	24.5	370.82	19.4	171.57	36.9

注：表中税收收入不含海关代征税收。

分地区主要税种

Tax Revenue of Main Categories

地　区	国内增值税（亿元）	增长(%)	国内消费税（亿元）	增长(%)	企业所得税（亿元）	增长(%)
全　国	17590.39	20.3	4059.72	27.8	8639.02	11.9
北　京	988.53	6.2	66.51	1.3	1261.64	-6.6
天　津	383.07	13.9	49.45	10.3	250.70	-1.8
河　北	592.05	23.9	142.63	13.9	271.15	22.4
山　西	424.93	29.0	29.05	57.5	121.45	44.9
内蒙古	306.14	25.9	49.68	35.1	117.63	41.8
辽　宁	334.16	22.2	126.45	22.2	130.71	5.9
大　连	120.45	3.3	58.20	30.7	62.62	-0.9
吉　林	193.59	21.6	80.65	17.6	92.46	-12.1
黑龙江	201.19	14.4	88.71	26.6	74.18	4.3
上　海	1834.12	10.2	288.41	69.3	1062.61	13.3
江　苏	1762.12	23.1	255.77	21.8	783.27	14.9
浙　江	1126.64	24.6	136.69	162.9	484.20	18.7
宁　波	349.54	19.2	121.14	12.5	150.14	30.7
安　徽	500.82	18.0	133.77	31.5	200.80	42.7
福　建	344.15	18.0	56.49	11.1	184.70	3.6
厦　门	118.33	22.0	16.93	17.9	77.68	2.7
江　西	434.77	34.5	101.75	42.1	124.16	20.6
山　东	839.03	30.5	184.44	48.0	326.37	23.3
青　岛	173.67	14.7	63.31	53.2	95.67	-3.6
河　南	523.20	27.6	134.52	15.8	201.28	11.2
湖　北	607.22	33.2	265.81	13.7	240.80	22.4
湖　南	411.05	22.6	217.04	8.3	117.25	17.2
广　东	1473.97	13.9	223.94	9.2	692.78	10.7
深　圳	591.51	11.7	17.07	12.4	420.14	9.3
广　西	241.54	21.1	104.54	20.6	77.45	15.8
海　南	134.71	22.2	31.55	28.6	51.38	35.8
重　庆	307.62	14.9	49.63	18.9	146.43	20.6
四　川	645.94	26.4	135.78	20.8	230.14	11.3
贵　州	294.19	38.1	141.32	44.0	141.53	52.5
云　南	329.20	39.0	311.77	55.7	89.17	13.2
西　藏	48.32	35.0	1.02	13.6	31.29	2.5
陕　西	453.01	31.3	151.28	30.4	165.77	65.3
甘　肃	153.66	24.3	105.76	9.1	44.43	23.3
青　海	55.68	12.9	13.29	43.0	13.62	6.4
宁　夏	72.17	21.5	22.40	-5.7	19.59	9.8
新　疆	220.09	24.3	82.98	13.8	83.83	17.6

收入情况（2018年第1季度）

of Taxes by Region (the First Quarter of 2018)

内资企业（亿元）	增长(%)	外资企业（亿元）	增长(%)	个人所得税（亿元）	增长(%)	财产行为税（亿元）	增长(%)
6408.36	12.9	2230.66	9.0	4590.88	20.9	7145.67	9.0
977.48	−10.6	284.16	10.2	619.77	16.5	252.96	−10.4
146.64	−9.1	104.06	10.6	107.43	11.8	117.19	−29.8
236.98	23.8	34.17	13.7	92.30	15.9	298.92	27.0
114.12	51.5	7.33	−14.0	49.48	31.4	169.63	22.0
111.09	40.8	6.54	61.7	54.04	25.6	143.34	−31.9
99.19	6.8	31.52	3.1	54.23	24.1	142.80	11.6
37.46	−12.1	25.16	22.2	32.69	13.5	45.70	2.9
57.89	6.0	34.57	−31.7	44.16	9.5	82.00	7.0
66.07	2.0	8.11	27.9	41.49	19.4	117.18	18.9
565.11	9.5	497.50	18.0	617.49	11.2	610.98	1.5
501.40	17.5	281.88	10.6	391.21	24.8	593.44	12.3
382.16	25.7	102.05	−1.7	335.66	19.4	410.43	14.0
113.50	35.4	36.64	18.2	97.55	18.4	112.59	23.1
177.32	42.0	23.48	48.3	80.36	17.6	246.00	7.4
149.96	4.3	34.74	0.7	87.08	12.0	158.23	12.6
45.28	1.2	32.40	4.8	52.96	77.8	67.03	16.9
106.52	27.8	17.63	−10.1	73.38	45.6	185.46	2.5
271.27	27.9	55.09	4.5	130.30	13.5	429.86	3.7
73.37	−7.0	22.30	9.5	41.32	27.3	89.36	13.9
181.59	16.7	19.69	−22.3	85.92	31.9	288.01	27.7
191.61	22.1	49.19	24.0	115.26	19.7	281.39	6.4
100.93	15.6	16.32	28.1	91.18	28.4	195.89	19.6
439.02	14.2	253.76	5.2	377.95	26.2	551.25	11.1
286.79	10.8	133.35	6.2	267.98	21.0	391.40	17.4
65.84	26.3	11.61	−21.1	52.38	31.0	115.00	9.2
41.43	28.6	9.94	76.7	25.25	32.7	72.55	22.3
107.01	22.2	39.42	16.3	76.12	31.8	138.18	3.9
199.44	14.3	30.69	−4.5	155.91	24.3	255.38	15.0
135.92	55.4	5.61	5.1	54.61	40.0	135.48	−8.7
84.15	13.9	5.02	2.6	76.18	45.9	107.31	27.7
29.46	−0.4	1.84	94.2	16.39	−16.2	6.73	50.9
155.22	76.2	10.55	−13.5	81.92	33.9	157.71	40.0
42.87	24.3	1.56	−0.2	26.48	26.6	48.84	29.2
12.87	1.6	0.76	426.8	9.95	49.0	19.39	27.7
19.13	17.0	0.47	−68.8	11.27	−28.0	29.99	17.6
82.26	18.0	1.58	0.4	63.23	41.9	78.05	33.0

近年各月份税务部门组织税收收入（不含海关）

Monthly Tax Revenue in Recent Years (Customs Duties Excluded)

单位：亿元

月份＼年度	2015	2016	2017	2018
1	13757.56	15077.09	17417.43	20386.21
2	8269.67	8783.88	9436.69	11408.38
3	8423.80	9092.30	9884.99	11255.33
4	11536.05	13498.71	14297.23	
5	11777.85	12305.69	12713.55	
6	12173.55	12376.15	14308.99	
7	11903.47	12335.92	13887.83	
8	7479.18	7186.35	8324.47	
9	8120.44	7951.08	9375.74	
10	11809.47	12586.87	13761.14	
11	8037.15	7969.72	8019.36	
12	10117.40	8455.32	8271.59	

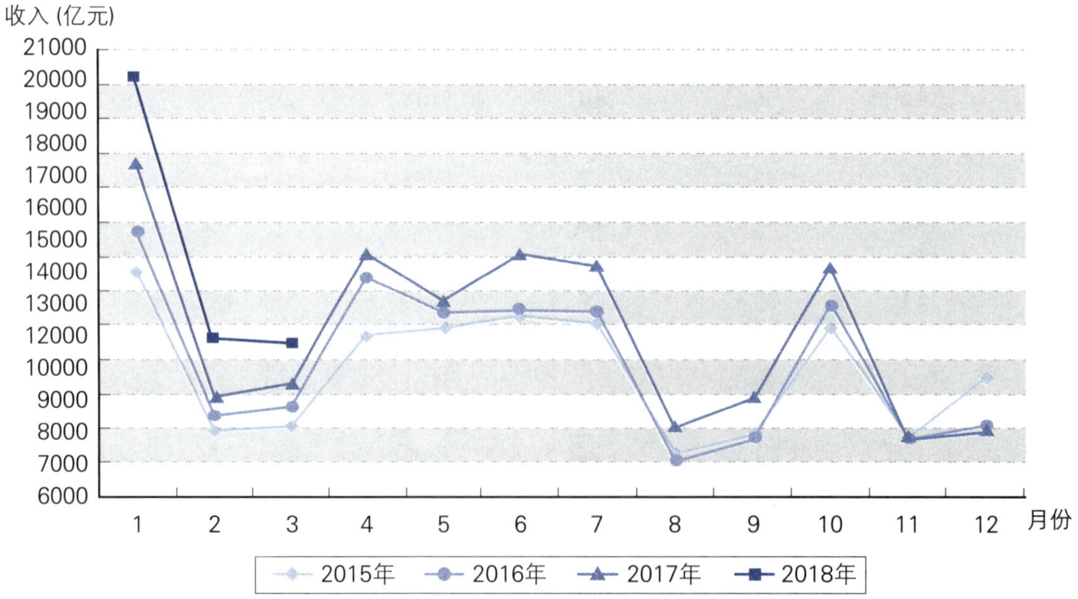

近年各月份税务部门组织税收收入图示（不含海关）

近年各月份税务部门组织税收收入增幅

Monthly Growth Rate of Tax Revenue in Recent Years

单位：%

月份 \ 年度	2015	2016	2017	2018
1	4.58	9.59	15.52	17.04
2	3.93	6.22	7.43	20.89
3	6.64	7.94	8.72	13.86
4	8.76	17.01	5.92	
5	3.49	4.48	3.31	
6	13.59	1.66	15.62	
7	14.40	3.63	12.58	
8	11.42	−3.92	15.84	
9	5.59	−2.09	17.92	
10	3.75	6.58	9.33	
11	7.49	−0.84	0.62	
12	4.17	−16.43	−2.17	

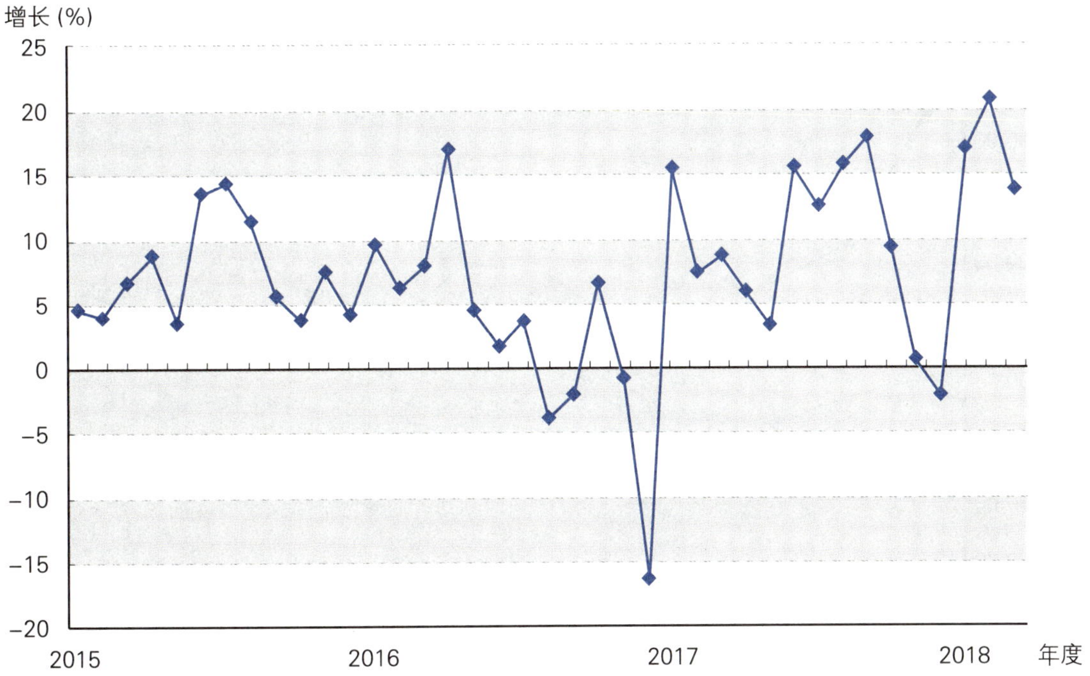

近年各月份税务部门组织税收收入增幅图示

近年各月份国内增值税收入

Monthly Domestic Value-Added Tax Revenue in Recent Years

单位：亿元

月份＼年度	2015	2016	2017	2018
1	2786.18	3096.13	6391.22	7528.25
2	2563.55	2809.80	4085.57	5341.65
3	2402.87	2348.70	4142.82	4720.49
4	2383.49	2527.50	5061.78	
5	2474.52	2557.83	4022.76	
6	2988.75	3623.05	4878.26	
7	2340.80	4187.58	5024.16	
8	2173.35	3228.05	3925.59	
9	2606.76	3670.02	4455.54	
10	2794.06	4886.72	5462.81	
11	2574.63	3817.05	4049.87	
12	3136.83	4077.57	4625.16	

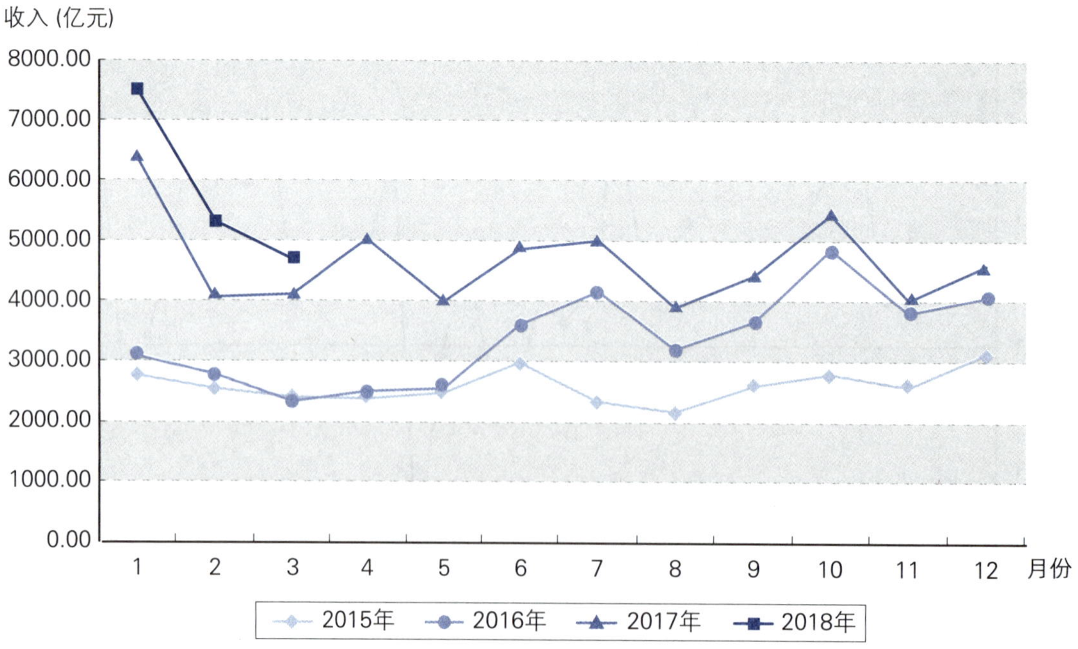

近年各月份国内增值税收入图示

近年各月份国内增值税收入增幅

Monthly Growth Rate of Domestic Value-Added Tax Revenue in Recent Years

单位：%

月份＼年度	2015	2016	2017	2018
1	2.73	11.12	106.43	17.79
2	1.19	9.61	45.40	30.74
3	1.59	–2.25	76.39	13.94
4	2.79	6.04	100.27	
5	4.04	3.37	57.27	
6	1.80	21.22	34.65	
7	2.89	78.89	19.98	
8	–3.65	48.53	21.61	
9	–3.07	40.79	21.40	
10	1.77	74.90	11.79	
11	–1.02	48.26	6.10	
12	–1.12	29.99	13.43	

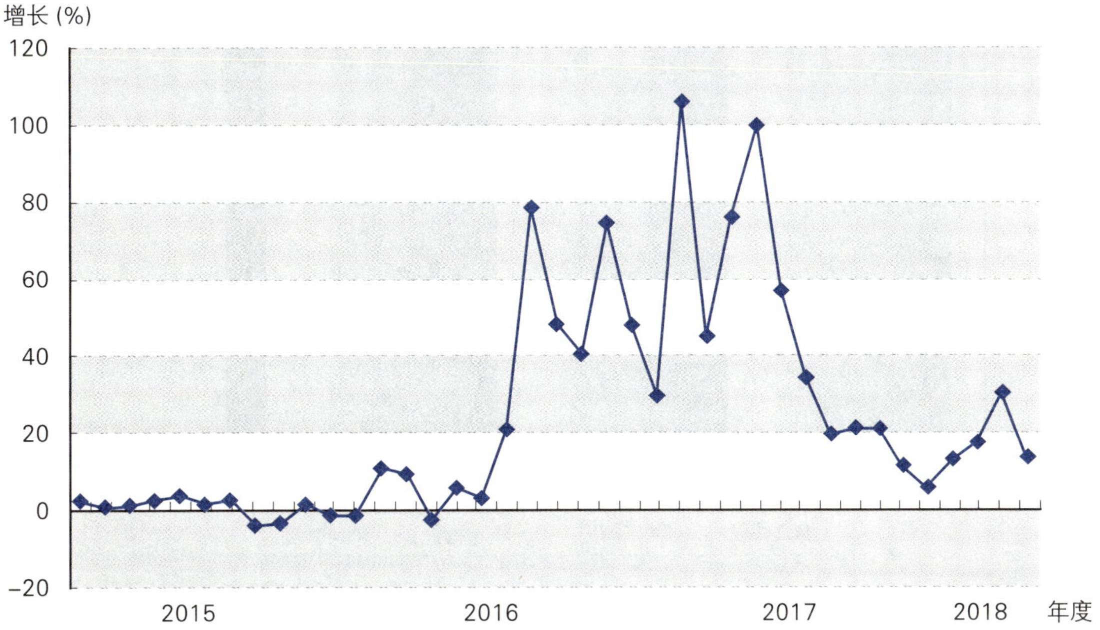

近年各月份国内增值税收入增幅图示

近年各季度税务部门组织税收收入

Quarterly Tax Revenue in Recent Years

单位：亿元

季度＼年度	2015	2016	2017	2018
1	30451.03	32953.27	36739.10	43049.93
2	35487.45	38180.55	41319.77	
3	27503.08	27473.34	31588.03	
4	29964.03	29011.91	30052.10	

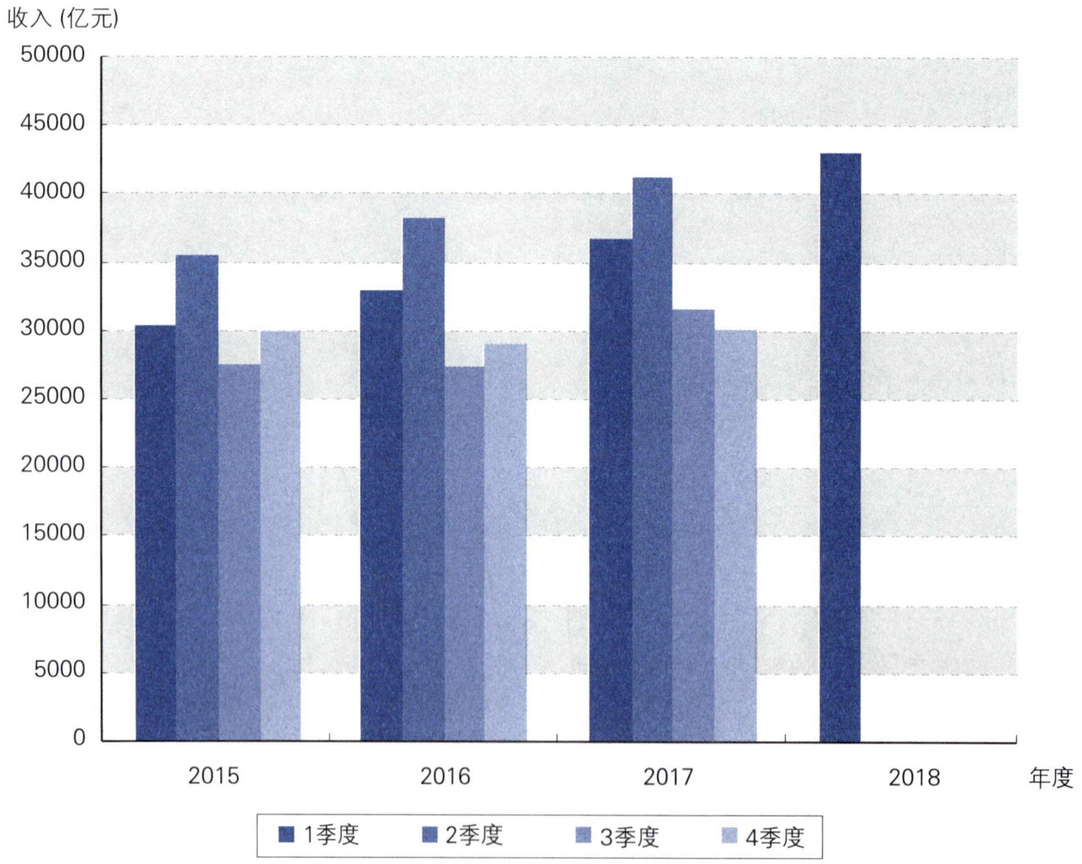

近年各季度税务部门组织税收收入图示

近年各季度国内增值税收入

Quarterly Domestic Value-Added Tax Revenue in Recent Years

单位：亿元

季度＼年度	2015	2016	2017	2018
1	7752.61	8254.63	14619.61	17590.39
2	7846.76	8708.38	13962.80	
3	7120.92	11085.65	13405.29	
4	8505.52	12781.34	14137.84	

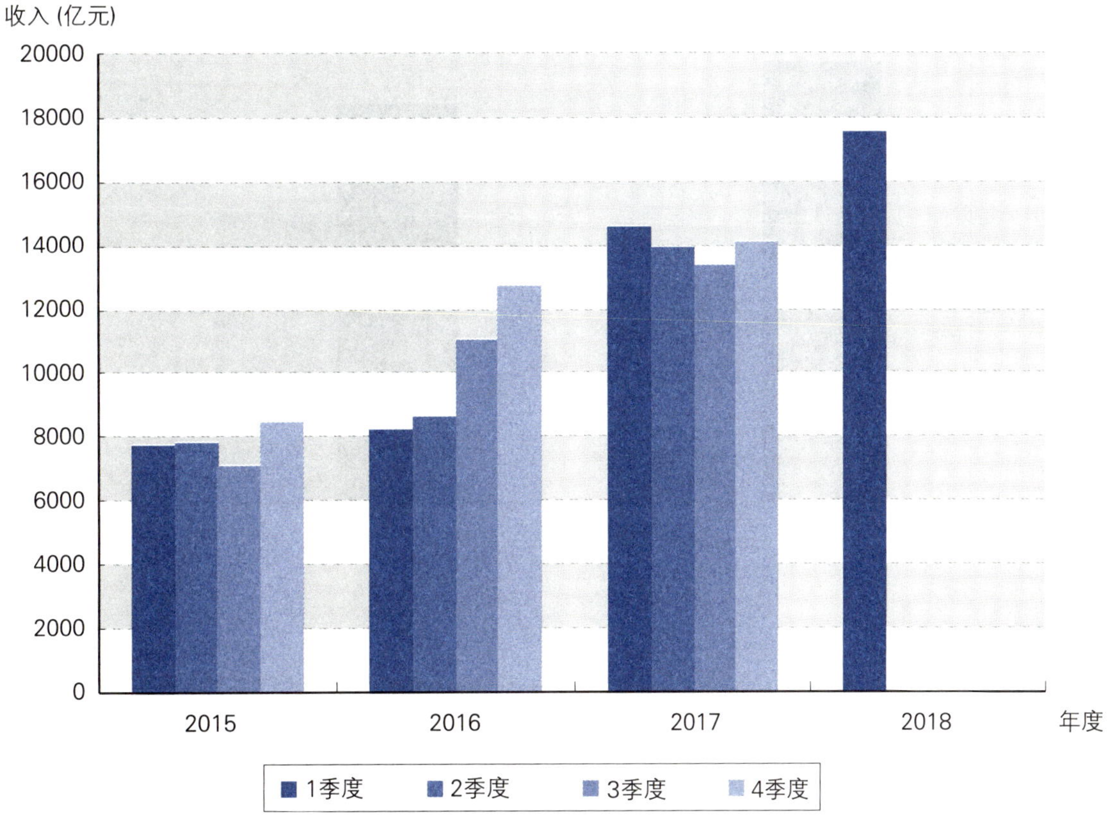

近年各季度国内增值税收入图示

税务部门组织中央级、地方级税收收入增幅（近年1季度）

Growth Rate of Tax Revenue Collected by Taxation Departments by Central and Local Budgetary Level (the First Quarter of Recent Years)

单位：%

年度 / 中央/地方	2017	2018
中央级	21.7	19.4
地方级	2.4	14.9

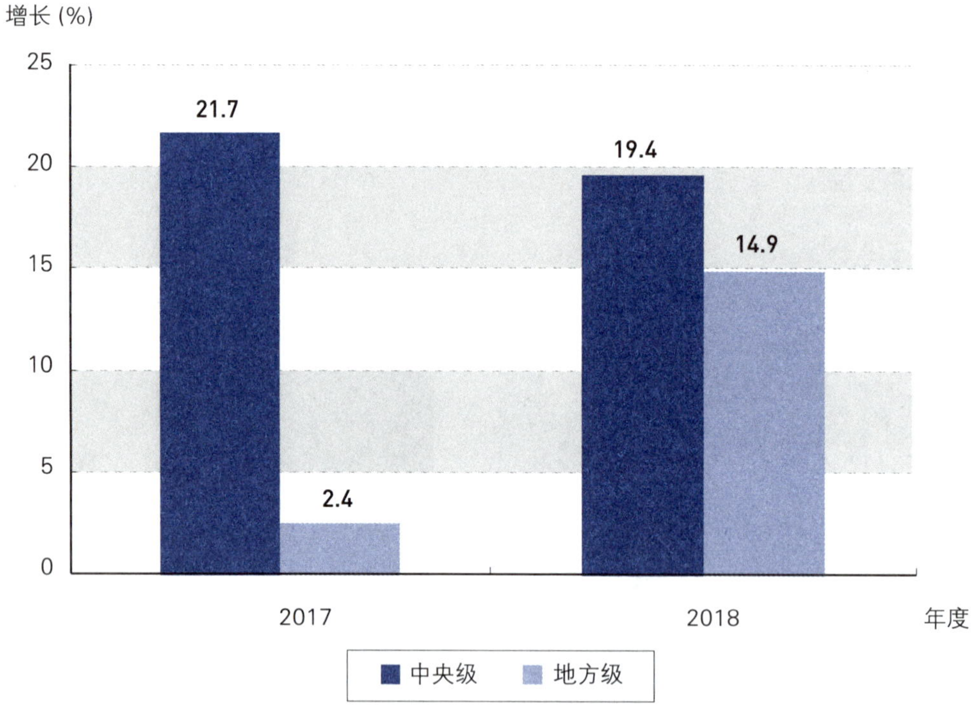

税务部门组织中央级、地方级税收收入增幅图示

东、中、西部税务部门组织税收收入增幅（近年1季度）

Growth Rate of Tax Revenue Collected by Taxation Departments in Eastern, Central and Western Regions (the First Quarter of Recent Years)

单位：%

年度 / 地区	2017	2018
东　部	9.4	14.3
中　部	14.7	21.5
西　部	16.6	23.7

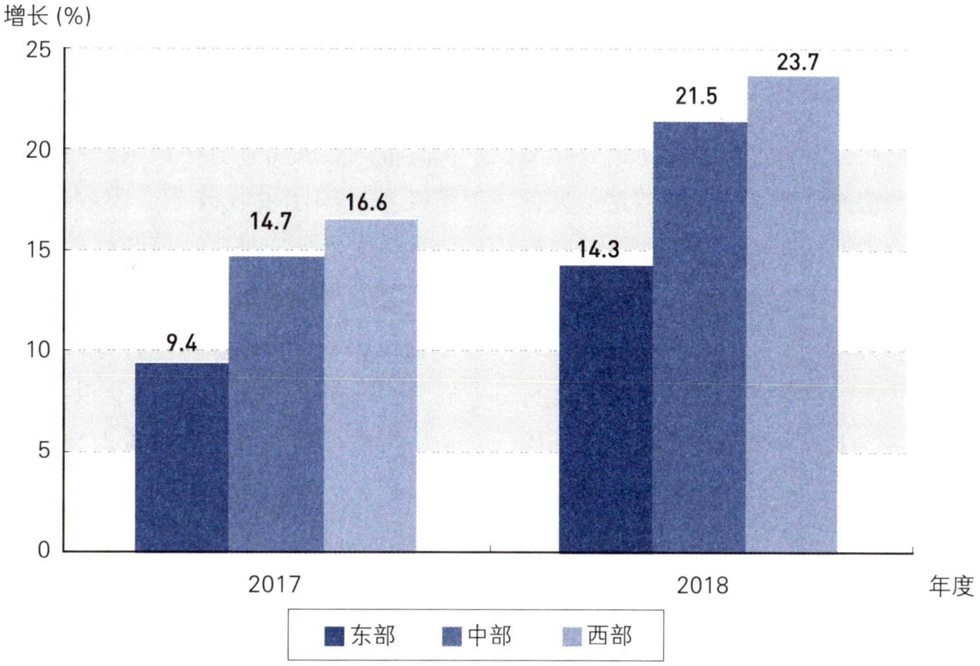

东、中、西部税务部门组织税收收入增幅图示

全面贯彻落实党的十九大精神 高质量推进新时代税收现代化

——全国税务工作会议在北京召开

Fully Implement the Spirit of the 19th CPC National Congress and Promote High-Quality Modernization of Taxation for a New Era

— National Taxation Work Conference Held in Beijing

2018年1月17日，全国税务工作会议在北京召开。会议的主要任务是，全面贯彻落实党的十九大精神，以习近平新时代中国特色社会主义思想为指导，传达学习贯彻李克强总理、张高丽副总理重要批示精神，总结去年和过去五年税收工作情况，研究今后一个时期税收工作思路，部署2018年工作任务，高质量推进新时代税收现代化。国家税务总局党组书记、局长王军作工作报告。

会议指出，2017年，全国税务系统以习近平新时代中国特色社会主义思想为指导，兴起学习贯彻党的十九大精神热潮，深入贯彻党中央、国务院决策部署，税收收入增长明显加快，“放管服”改革提质增效，征管体制改革实现重要突破，税收国际影响力进一步提升，基层建设得到切实加强，全面从严治党深入推进，税收工作又取得新的成绩。党的十八大以来，在党中央、国务院坚强领导下，税收现代化建设取得积极进展、实现重大进步。一是坚持旗帜鲜明讲政治，切实提高了税收服务党和国家工作大局的能力。坚决维护习近平总书记在党中央和全党的核心地位，坚决维护党中央权威和集中统一领导，坚决贯彻落实中央决策部署。二是坚持依法收好税依规减免税，有力支持了经济社会持续健康发展。税收增长与经济发展更协调，减税力度与落实力度双给力，有力保障了经济社会发展财力需求，有力促进了经济结构优化升级。三是坚持全方位深化税收改革，有效激发了市场活力和社会创造力。全面推开营改增试点平稳落地并取得多重积极效应，资源税从价计征改革全面推开，水资源税改革试点成功并有序扩围，环保税顺利开征，积极参与国际税收改革，税收信息化改革取得标志性成果。四是坚持简政放权放管结合优化服务，着力改善了营商环境。制发纳税服务、税收征管等10多个规范并持续升级，连续四年深入开展“便民办税春风行动”，积极实施“互联网+税务”行动计划，第三方纳税人满意度调查得分逐次提高。五是坚持深入推进依法治税，为推动全面依法治国做出了积极贡献。环保税、烟叶税完成立法，企业所得税法和增值税暂行条例顺利修订，营业税退出历史舞台。六是坚持全面从严治党，充分展现了税务铁军良好形象。探索形成并不断完善纵合横通强党建、绩效管理抓班子、数字人事管干部、人才工程育才俊、严管善待活基层的“带好队伍”机制体系。

会议强调，党的十九大作出了中国特色社会主义进入新时代的重大政治判断，中央经济工作会议进一步作出了我国经济已由高速增长阶段转向高质量发展阶段的重大战略论断。税务部门不仅要持续推进税收现代化，而且要高质量推进新时代税收现代化。从高质量推进新时代税收现代化的内涵质量上讲，必须努力做到“六个更加注重”。一是更加注重求新，根据新时代中国特色社会主义发展，不断丰富、充实、拓展税收现代化“六大体系”的内涵，做到与时俱进；二是更加注重全面，使每个体系及其中每项工作都得以全面发展、全面进步、全面协调；三是更加注重平衡，着力解决工作标准不够统一和地区间工作进度与水平不够平衡的问题；四是更加注重充分，既要着力解决数和量不足的问题，又要注重解决质和效不高的问题，努力实现功能最优化；五是更加注重法治，不断增强税务干部特别是领导干部依法治税的自觉性，不断提升严格规范公正文明执法的水平；六是更加注重开放，树立全局眼光，注重学习国内各行业、各部门的先进经验，大踏步走进国际税收舞台中央，博采众长、兼收并蓄，实现税收工作水平的不断提升。

会议要求，2018年，全国税务系统要全面贯彻党的十九大精神，以习近平新时代中国特色社会主义思想为指导，认真落实中央经济工作会议部署，加强党对税收工作的领导，坚持稳中求进工作总基调，坚持新发展理念，紧扣我国社会主要矛盾变化，围绕统筹推进“五位一体”总体布局和协调推进“四个全面”战略布局，进一步“干好税务、带好队伍”，扎实完成好各项税收任务，确保高质量推进新时代税收现代化开好头、布好局，更好发挥税收在稳增长、促改革、调结构、惠民生、防风险中的积极作用，促进经济高质量发展、增进民生福祉，为决胜全面建成小康社会做出新的更大贡献。

依法组织税收收入。继续坚决依法收好税、坚决不收“过头税”、坚决落实减免税、坚决打击偷骗税，不折不扣完成预算确定的税收收入目标和预算确定的减税目标。

主动服务好国家重大发展战略。围绕防范化解重大风险、坚决打赢脱贫攻坚战、打好污染防治攻坚战，完善和落实系列税收支持政策。围绕深化供给侧结构性改革，完善营改增试点政策并进一步巩固成果，落实好支持制造业优化升级等税收政策。围绕实施创新驱动发展战略、乡村振兴战略、区域协调发展战略，更好发挥税收优惠政策作用。升级税收服务“一带一路”建设、京津冀协同发展、长江经济带发展、自贸区发展等创新措施。

深化税收制度改革。根据党的十九大关于“深化税收制度改革，健全地方税体系”等要求，进一步深化税制改革，助力供给侧结构性改革，更有力服务实体经济和小微企业发展。积极推动健全地方税体系，加强对地税工作的指导和服务。

进一步抓好税收领域“放管服”改革。大力深化征管体制改革，继续落实好优化税收环境的30条措施，切实做好优化税收营商环境各项工作。连续第5年开展“便民办税春风行动”，进一步推进便利化办税，编制办税事项“最多跑一次”清单和“全程网上办”清单，继续清理要求纳税人报送的涉税资料，改造升级网上办税服务厅，进一步强化国税地税合作。

切实强化国际税收合作。更大力度支持“一带一路”建设，加快与重点国家税收协定谈签和修订，开展国际税收交流，积极支持“走出去”和“引进来”。

持续推进依法治税。落实税收法定原则，严格规范公正文明执法，扩大行政执法“三项制度”试点。做好税收普法工作，加强税收政策解读，开展好第27个全国税收宣传月活动，在全社会努力营造有利于税收改革发展的良好舆论环境。

会议指出，加强党对税收工作的领导和坚定不移全面从严治党，是高质量推进新时代税收现代化的坚强保证。全国税务系统要全面贯彻党的十九大对推进党的建设新的伟大工程的战略部署和十九届中央纪委二次全会对深入推进全面从严治党的重大部署，旗帜鲜明讲政治，以习近平新时代中国特色社会主义思想武装头脑、指导实践、推动工作，切实增强“四个意识”。进一步完善纵合横通强党建工作机制，认真落实管党治党主体责任和监督责任，大力支持纪检监察机构深化“三转”、切实履行监督责任，准确把握运用监督执纪“四种形态”。深化政治巡视巡察，健全上下联动监督网。切实推进内控机制建设，确保“四位一体”内控制度在基层落地生根。扎实推进作风建设，落实好总局党组贯彻落实中央八项规定实施细则的实施办法。大兴调查研究之风，继续开展“察实情、办实事”税情调研，形成掌握实情、解决问题、改进工作的长效机制。大力宣传和积极践行“忠诚担当、崇法守纪、兴税强国”的中国税务精神，完善人才工程育才俊工作体系，进一步完善绩效管理和数字人事制度，加强基层干部队伍建设。

会议强调，新时代开启新征程，新思想引领新实践。全国税务系统要更加紧密地团结在以习近平同志为核心的党中央周围，以习近平新时代中国特色社会主义思想为指导，不忘初心，牢记使命，高质量推进新时代税收现代化，为促进经济社会持续健康发展，决胜全面建成小康社会，夺取新时代中国特色社会主义伟大胜利作出新的更大贡献。

会议以视频形式召开。税务总局党组成员、副局长于春生主持会议，税务总局领导、部分老领导、各司局主要负责人，各省、自治区、直辖市和计划单列市国税局、地税局主要负责人，中央和国家机关有关部门负责人参加会议。

全国税务系统全面从严治党工作会议在北京召开

National Taxation Work Conference on Exercising Strict Governance over the Party Held in Beijing

2018年1月22日，国家税务总局在北京召开全国税务系统全面从严治党工作会议。税务总局党组书记、局长王军代表税务总局党组作工作报告，中央纪委驻税务总局纪检组组长、总局党组成员张敏讲话。王军强调，要以习近平新时代中国特色社会主义思想为指导，全面贯彻党的十九大精神，深入贯彻落实十九届中央纪委二次全会精神，紧紧围绕坚持和加强党的全面领导，以党的政治建设为统领，以永远在路上的执着把税务系统全面从严治党引向深入，为高质量推进新时代税收现代化提供坚强保证。

王军强调，党的十九大提出了新时代党的建设总要求，发出坚定不移推进全面从严治党、不断提高党的执政能力和领导水平的动员令。习近平总书记在十九届中央纪委二次全会上发表重要讲话，深刻阐述了党的十九大关于全面从严治党的战略部署，进一步总结了党的十八大以来全面从严治党的重要经验，强调以永远在路上的执着把全面从严治党引向深入。中共中央政治局常委、中央纪委书记赵乐际同志的工作报告对2018年纪检监察工作作出明确部署。这对税务系统深入贯彻全面从严治党要求具有重要的指导性和针对性。全国税务系统要保持全面从严治党永远在路上的冷静清醒和坚韧执着，旗帜鲜明讲政治，严格落实管党治党责任，既抓“关键少数”又管“绝大多数”，持续推动全面从严治党向基层延伸，坚持严格管理和关心信任相统一，深化标本兼治，更加科学、更加严密、更加有效地制定和实施税务系统全面从严治党的各项举措。

会议指出，党的十八大以来，全国税务系统以习近平新时代中国特色社会主义思想为指导，深入贯彻落实党中央决策部署和中央纪委各项要求，认真贯彻国务院历次廉政工作会议精神，坚定不移推进全面从严治党，有力保证了税收现代化取得积极进展、实现重大进步。主要表现在：坚持旗帜鲜明讲政治，切实增强了“四个意识”；坚持抓实管党治党责任，层层传导了压力；坚持创新机制制度，探索出了抓好系统党建的新路子；坚持抓常抓细抓长，有力提高了作风建设水平；坚持从严教育管理监督，促进了纪律规矩立起来严起来。

会议要求，扎实推进2018年税务系统全面从严治党，要进一步增强“四个意识”，坚定“四个自信”，以新时代党的建设总要求为遵循，重点抓好七个方面工作。一是着力加强党的政治建设。要用习近平新时代中国特色社会主义思想武装头脑，旗帜鲜明讲政治，坚决维护习近平总书记在党中央和全党的核心地位，坚决维护党中央权威和集中统一领导，把讲政治的要求落实落细，严肃党内政治生活，严守政治纪律和政治规矩。税务总局和省局要开展党章党纪执行情况、党的十九大精神贯彻落实情况的监督检查，确保取得实效。二是着力落实中央八项规定精神。认真落实税务总局党组印发的贯彻中央八项规定实施细则的实施办法，持之以恒正风肃纪，聚焦问题，发现一起、查处一起、通报一起。坚决纠正形式主义、官僚主义，树立敢担当勇担责的优良作风。三是着力加强纪律建设。要严明纪律，切实增强纪律教育针对性，用好反面教材，举一反三、以案明纪，每名税务干部都要坚决抛弃“看戏”心态，把未病当作有病防，不断提高自身免疫力。深化运用监督执纪“四种形态”，持续加大执纪审查力度。对税务系统年轻干部从一开始就要管好管严，使他们扣好第一粒扣子、走好未来的人生路。四是着力保持惩治腐败高压态势。紧盯重点领域和关键环节，严肃查处腐败问题，绝不姑息。特别是严厉整治群众身边的腐败问题，坚决纠正损害纳税人利益的不正之风。大力开展“一案双查”。五是着力加大监督检查力度。综合运用各种监督资源，深化政治巡视巡察，深化内控机制建设，深入开展税收执法督察和内部审计，要加大对“三公”经费和专项经费的审计力度，强化领导干部经济责任审计。六是着力推动全面从严治党责任落到实处。牢牢抓住管党治党责任的“牛鼻子”，强化责任担当，完善和落实纵合横通强党建机制体系。开展“两个责任”落实情况专项检查，层层压实管党治党责任。七是着力加强党务和纪检监察干部队伍建设。选优配强并努力建设让党放心、人民信赖的党务和纪检监察干部队伍。

张敏强调，全系统各级党组织要以习近平新时代中国特色社会主义思想为指导，深刻领会坚决落实党的十九大关于全面从严治党战略部署和中央纪委二次全会精神，把党的政治建设摆在首位，坚决维护习近平总书记在党中央和全党的核心地位，坚决维护党中央权威和集中统一领导。巩固拓展落实中央八项规定精神成果，坚决纠正“四风”问题，抓具体、补短板、防反弹。全面加强纪律建设，加强巡视监督，巩固发展反腐败斗争压倒性态势，坚决惩治群众身边的腐败和作风问题，加大集中整治和督查督办力度，深化构建不敢腐、不能腐、不想腐的体制机制。认真落实管党治党政治责任，加强纪检监察机构自身建设，一刻不停歇地推动全面从严治党向纵深发展。

税务总局党组成员、副局长于春生主持会议。税务总局领导，各司局主要负责同志，各省、自治区、直辖市和计划单列市国税局、地税局分管党建工作的局领导和纪检组长参加会议，中央纪委、中央国家机关纪工委有关部门负责同志应邀出席会议。会议以视频形式开到省、市、县国税局、地税局。

国家税务总局党组传达学习贯彻党的十九届二中全会精神

SAT Party Group Communicates, Learns and Implements the Spirit of the Second Plenary Session of the 19th Central Committee

2018年1月22日，国家税务总局党组书记、局长王军主持召开党组会议，传达学习贯彻党的十九届二中全会精神。

通过学习，大家一致认为，党的十九届二中全会专题研究宪法部分内容的修改工作，充分体现了以习近平同志为核心的党中央对依法治国、依宪治国的高度重视，具有重大现实意义和深远历史意义。习近平总书记在全会上的重要讲话，深刻论述了宪法在治国理政中的重要地位和作用，高度评价了全面依法治国取得的成就，对全面贯彻实施宪法提出了明确要求，为推进全面依法治国提供了根本遵循。税务总局党组和各级税务机关党组要把思想和行动迅速统一到习近平总书记重要讲话和党的十九届二中全会精神上来，全面贯彻到税收工作中去，努力推动依法治税迈上新台阶。

会议要求，全国税务系统要深刻认识把党的十九大确定的重大理论观点和重大方针政策特别是习近平新时代中国特色社会主义思想载入国家根本法的重大法治实践意义。要深入开展宪法宣传教育活动，不断增强税务干部宪法意识。各级税务机关党员领导干部要带头增强宪法观念、恪守宪法原则、弘扬宪法精神，努力做尊法学法守法用法的模范。

会议强调，全国税务系统要按照宪法法律赋予的权力履行好法定职责。要落实税收法定原则，积极配合有关方面推进税种立法或修法。要严格规范公正文明执法，加强执法监督和责任追究，创新税收监管方式，规范税收秩序。要加强税收普法工作，努力构建多主体参与、多载体保障、多渠道推进的税收普法共治格局。

会议要求，税务总局党组和各级税务机关党组及广大党员干部，要旗帜鲜明讲政治，进一步增强“四个意识”，坚定“四个自信”，坚决维护习近平总书记在党中央和全党的核心地位，坚决维护以习近平同志为核心的党中央权威和集中统一领导，高质量推进新时代税收现代化，为推进全面依法治国、决胜全面建成小康社会、夺取新时代中国特色社会主义伟大胜利做出新的更大的贡献。

国家税务总局召开党组会议 传达学习党的十九届三中全会精神

SAT Holds Party Group Meeting to Communicate and Learn the Spirit of the Third Plenary Session of the 19th Central Committee

2018年3月1日，国家税务总局党组书记、局长王军主持召开党组会议，传达学习党的十九届三中全会精神。

通过学习，党组同志一致认为，党的十九大以来，以习近平同志为核心的党中央团结带领全国各族人民，坚定信心、勇于创新、真抓实干，统筹推进“五位一体”总体布局和协调推进“四个全面”战略布局，在决胜全面建成小康社会，开启全面建设社会主义现代化国家新征程上迈出新的步伐，推动党和国家各项事业取得新的成绩，开创新的局面。党的十九届三中全会对深化党和国家机构改革作出重大部署，充分体现了以习近平同志为核心的党中央深化党和国家机构改革的鲜明态度、坚定决心和改革定力，符合新时代党和国家事业发展需要，顺应党心、军心、民心，在党和国家发展进程中具有重大的里程碑意义，必将对新时代坚持和发展中国特色社会主义产生重大而深远的影响。

党组同志谈到，习近平总书记在全会上发表的重要讲话，高屋建瓴、统揽全局、思想深刻、内涵丰富，为深化党和国家机构改革指明了方向、提供了遵循，必将对新时代坚持和发展中国特色社会主义产生重大现实意义和深远历史意义。会议要求，税务总局党组和各级税务机关党组及广大党员干部，要切实把思想和行动统一到习近平总书记重要讲话精神上来，统一到党的十九届三中全会决策部署上来，坚决维护以习近平同志为核心的党中央权威和集中统一领导，自觉拥护改革、支持改革、服务改革。

会议强调，全国税务系统广大党员干部，要旗帜鲜明讲政治，紧密结合学习领会党的十九届三中全会精神，增强“四个意识”，坚定“四个自信”，做到“四个服从”，坚持统筹兼顾，精心做好听取代表委员意见建议、新闻宣传、信访维稳和建议提案办理等全国“两会”涉及税务部门的各项工作；切实抓好组织税收收入、开展“便民办税春风行动”和优化营商环境等重点工作，有力服务和促进我国经济高质量发展。

国家税务总局党组传达学习贯彻全国两会精神

SAT Party Group Communicates, Learns and Implements the Spirit of the Two Sessions

2018年3月21日，国家税务总局党组书记、局长王军主持召开党组扩大会议，传达学习十三届全国人大一次会议和全国政协十三届一次会议精神，研究部署税务系统贯彻落实工作。

通过传达学习，大家一致认为，今年的全国两会对于深入贯彻习近平新时代中国特色社会主义思想和党的十九大精神、夺取新时代中国特色社会主义伟大胜利具有十分重大的意义。全国人大选举产生了新一届国家机构领导人员，习近平总书记全票当选为国家主席、中央军委主席，作为国家的掌舵者、人民的领路人，作为党的核心、军队统帅、人民领袖，是时代大势所趋、事业发展所需、党心民心所向，充分反映了全党全军全国各族人民的共同愿望和心声。李克强总理作的《政府工作报告》目标明确、措施务实，对做好2018年税收工作提出了具体任务和要求。各级税务机关党组和广大党员干部要深入学习贯彻习近平总书记重要讲话和全国两会精神，牢固树立“四个意识”，坚定“四个自信”，准确把握好党中央、国务院对新时代税收工作的新任务新要求，以更大的力度、更实的措施做好2018年各项税收工作任务。

会议强调，要迅速把思想和行动统一到全国两会精神上来。当前，全国税务系统要把学习贯彻习近平总书记重要讲话和全国两会精神作为一项重要政治任务抓紧抓好抓出实效。要通过各种形式认真传达学习，自觉把思想和行动统一到习近平总书记重要讲话精神上来、统一到全国两会决策部署上来，逐项对标全国两会对税收工作的部署要求，不折不扣地落到实处。

会议要求，要扎实做好两会部署的各项税收工作任务。要深刻认识税务机构改革是加强党对税收工作领导的重要举措，是利国、利民、利企、利税的重要举措，扎实稳妥地推进和落实改革任务。要牢牢把握组织收入工作主动权，不断提高税收收入质量，确保完成预算确定的税收收入任务。要持续推进税制改革，积极配合有关方面做好税收立法工作。要不折不扣落实税收优惠政策，大力推动实体经济发展和转型升级。要持续深化税收领域“放管服”改革，进一步优化税收营商环境，更好服务我国经济高质量发展。

会议强调，要认真做好两会建议提案办理工作。要充分认识建议提案办理工作的重要性，按时保质完成办理工作；要密切沟通，主动回应代表委员的关切，争取理解支持；要把办理工作与落实税收政策、改进税收工作紧密结合起来，突出重点，注重实效，推动税收工作提质增效。

税务总局领导、驻总局纪检组有关负责同志、税务总局机关各司局主要负责同志参加会议。

代表委员读报告议税收 开局之年，政府送上减税“大礼包”

NPC Deputies and CPPCC Members Review the Government Work Report with a Discussion on Tax: The Government Sent a Tax Cut Package at the Beginning of the Year

这是一份令人惊喜的报告，也是一份反映中国经济高质量发展的报告。

“全年再为企业和个人减税8000多亿元”“全年要为市场主体减轻非税负担3000多亿元”“提高个人所得税起征点”……

3月5日，代表委员们在审议和讨论政府工作报告时纷纷表示，在全面贯彻党的十九大精神的开局之年，政府工作报告涉税亮点多，减税措施实。

说税收成绩，振奋！

过去5年，我国经济实力跃上新台阶，国内生产总值从54万亿元增加到82.7万亿元，财政收入从11.7万亿元增加到17.3万亿元。

过去5年，我国分步骤全面推开营改增，累计减税超过2万亿元，加上采取小微企业税收优惠、清理各种收费等措施，共减轻市场主体负担3万多亿元。

这一增一减的背后，折射出中国经济提质增效的力度。

“财政收入从11.7万亿元提高到17.3万亿元，彰显着国家发展的成绩，也凝聚着税务机关的汗水。同时，国家整体财力提升，政府更有能力、更有底气去实施减税，促进经济发展，促进创业创新。”全国政协委员、中国银行上海市分行副行长徐葵君表示。

过去5年，面对错综复杂的国内外形势，我国在财政收支矛盾较大情况下，着眼“放水养鱼”、增强后劲，率先大幅减税降费。

“简政、减税和降费已经成为国务院常务会议的高频词。”全国政协委员、西安交通大学经济与金融学院教授李香菊表示，近年来，政府在减税降费方面力度很大，成效突出。仅营改增一项，过去5年就累计减税超过2万亿元。

“政府工作报告中提及的减税，中石化有切身感受，我们确实得到了实实在在的好处。”全国政协委员、中石化集团公司副总经理马永生表示：“我们有生产、销售等不同环节的企业，营改增打通了上下游的抵扣链条，让我们得到更多抵扣，税负相应有所减少。”

营改增的效果远不止此。全国人大代表、百多安医疗器械有限公司董事长张海军表示：营改增对于促进企业规范管理效果非常明显。营改增前，因为不能抵扣进项税额，企业无论在财务上还是管理上都不是很规范。营改增后，企业要想增加抵扣实现减税，就要规范财务管理。

议减税红包，提气！

“总理在说到‘提高个人所得税起征点’的时候，大家都在鼓掌。这说明大家对这点非常认同。”全国人大代表、著名导演贾樟柯在接受中国税务报记者采访时说。

“提高个人所得税起征点”是今年政府工作报告中的一大亮点。全国政协委员、江苏省中国科学院植物研究所所长薛建辉表示：个人所得税关系每个人的“钱袋子”。这次政府工作报告在明确提高个人所得税起征点的同时，增加子女教育和大病医疗支出扣除，比之过去向前迈进了一大步。

在为个人减负的同时，2018年，政府给企业的红包含金量十足。

“报告提出将进一步减轻企业税负，今年全年再为企业和个人减税8000多亿元，为市场主体减轻非税负担3000多亿元，加起来有1.1万亿元。对企业来说，这无疑是重大利好。”全国人大代表、小米科技董事长雷军表示。

“特别实在，每项工作部署都有具体举措，许多还给出了定量的目标。比如减税8000多亿元；增值税按照三档并两档方向调整税率水平，重点降低制造业等行业税率。作为企业负责人，对这些减税举措我特别有感。”全国人大代表、联想集团董事长兼CEO杨元庆说。

谈政策落地，努力！

面对减税新任务，税务机关将如何作为？

全国人大代表、浙江省地税局局长徐宇宁表示：浙江税务机关将积极落实中央和国务院关于减税降费和深化“放管服”改革的部署，一方面，严格按照政府工作报告提出的“进一步减轻企业税负”“大幅降低企业非税负担”要求，不折不扣落实好各项减税降费措施，充分释放政策“红利”，支持实体经济发展，激发市场活力。另一方面，继续深入推进“最多跑一次”改革，实现地税事项“最多跑一次”全覆盖，更多事项能够通过移动办理、网上办理，让企业和群众办税更便利，获得感更强。

全国人大代表、福建省地税局局长赵静表示：该局将坚持依法征税的组织收入原则，尽心尽力完成税收目标。同时，该局将站在服务大局的高度，通过加强税收法规宣传和辅导，建立税收疑难问题协调解决机制，加大重点督察与跟踪督导力度等方式，想方设法把各项税收优惠政策落到实处，坚决实现减税目标，绝不打折扣，让纳税人享受实实在在的政策红利，让企业轻装上阵、聚力发展，更大激发市场活力。

第27个全国税收宣传月主题座谈会召开
持续优化税收营商环境　深入推进经济高质量发展

The Seminar on the 27th National Tax Publicity Month Held: Continuously Improve Tax-based Business Environment and Further Boost High-quality Economic Development

2018年3月30日，国家税务总局举行“优化税收营商环境　助力经济高质量发展”主题座谈会，邀请企业界代表共商税收改革发展大计、共谋税收助力企业发展良策，并由此拉开第27个全国税收宣传月的序幕。国家税务总局党组书记、局长王军出席座谈会并讲话。王军强调，全国税务系统要深入学习贯彻习近平新时代中国特色社会主义思想和党的十九大精神，一以贯之深化税收改革、不折不扣落实优惠政策、不断改进纳税服务，千方百计培育厚植税源，持续优化税收营商环境，深入推进经济高质量发展。

座谈会上，中国电信集团、SOHO中国、海尔集团、科大讯飞、华坚国际、猪八戒网络、顺丰控股、美琳达再生能源、德勤中国、普华永道等企业负责人先后发言，对税务部门落实税收政策助力企业发展，推进“放管服”改革优化营商办税环境表示肯定，并围绕税收改革、落实税收优惠政策、提升征管服务水平等方面提出了意见建议。

王军表示，企业家们对税收工作的肯定既是对税务部门的褒奖，更是对税务部门的鞭策。大家提出的意见建议对提高税收工作质效具有很强的指导价值，税务部门将一条一条梳理，认真加以研究，尽快一一回复，并作为改进税收工作的着力点。

王军强调，税收数据反映我国经济稳中向好态势不断巩固，给予我们发展“信心”。增值税发票数据显示，今年我国经济发展开局良好，1—2月，以高技术制造和装备制造为主的新动能工业销售增速为12.3%，高于去年12月4.7个百分点；新动能服务业销售增速为50.1%，高于去年12月22.7个百分点，反映企业动能转换态势良好。民营经济贡献度稳步提高，消费、投资、出口协同发展，经济活力、动力、潜力不断释放。这既是持续推进供给侧结构性改革的成果，也是广大企业奋力开拓、积极贡献的结果。

王军指出，税务部门要坚定持续推进减税降负的“决心”。今年《政府工作报告》和3月28日国务院常务会议提出的一系列减税降负措施，聚焦实体经济、聚焦高端制造业和现代服务业、聚焦小微企业、聚焦公平待遇，如将17%和11%的增值税税率均下调1个百分点、在国家重点鼓励的部分行业中推行增值税留抵退税试点改革，等等。税务部门要不折不扣落实好这些新政策，把国家的减税“大礼包”及时送到每个企业。

王军强调，税务部门要秉持不断提升纳税服务质效的“恒心”。加快推进“互联网+税务”行动计划，今年年底前在全国范围内推出统一规范的电子税务局；推行财务报表税企间转换，力争今年在全国范围内实现部分行业纳税申报表、财务报表联网报送；健全税收政策定期解读机制，今年二季度起，税务总局举办的季度税收政策解读视频会新增纳税人互动问答环节，进一步增强税收政策的确定性；加强青少年学生税法宣传教育，与教育部门联合开展“税法进校园”活动；扎实稳妥、积极有效地推进税务机构改革，8月1日起在全国范围内实现100%的办税服务厅一厅通办所有税收业务，为广大纳税人营造良好的税收营商环境。

座谈会由税务总局党组成员、副局长于春生主持，全国工商联党组成员、副主席王永庆，税务总局党组成员、副局长孙瑞标、任荣发，税务总局总审计师刘丽坚，以及税务总局相关司局负责同志参加座谈。

税务总局联合环保部举办全国环境保护税业务视频培训

SAT and the Ministry of Environmental Protection Jointly Hold National Video Training Sessions on Environmental Protection Tax

2018年3月9日，税务总局联合环保部举办全国环境保护税业务视频培训，培训采取“一竿子插到底”的方式，全国省、市、县地方税务局和部分重点企业相关人员通过视频形式参加培训。

培训中，税务总局财产和行为税司有关负责人解读了环境保护税实施条例及配套政策，辅导了环境保护税纳税申报表纸质表单和电子表单的填报，征管科技司有关人员介绍了环境保护税金税三期工程核心征管系统各功能模块应用。

环保部专家分别介绍了纳入排污许可管理的行业和未纳入排污许可管理的行业，如何应用排污系数和物料衡算方法计算污染物排放量，并结合典型案例详细讲解具体计算过程。

参训人员表示，在环境保护税首个征期即将到来之际，税务总局精心组织的这场视频培训，对于广大税务干部和纳税人来说，非常及时。税务总局将把此次培训内容制作成视频课件，并上传至中国税务网络大学供全国税务系统干部观看学习，为基层税务干部理解政策、规范操作提供权威解读。

税务总局领导视频连线 巡查各地环保税首个征期征管准备工作

SAT Commissioner Inspects via Video the Preparation work for the First Collection Period of Environmental Protection Tax across the Nation

2018年3月26日，为确保环境保护税4月首个征期平稳落地，税务总局党组书记、局长王军，党组成员、副局长孙瑞标、任荣发，与重庆、江苏、湖北等地税务部门进行视频连线，巡查环保税征管准备工作进展情况。

视频连线中，王军重点了解了各地税务部门征管信息系统建设、纳税申报辅导等方面工作情况，并与重庆市税务和环保部门有关负责人交流了环保税征管部门合作情况。王军指出，环保税征管准备工作任务艰巨，已有工作成果来之不易，感谢各级地方政府和环保部门的大力支持。各级税务机关要充分利用好环保税征管部门协作机制，确保工作有序推进，首个征期平稳落地。

王军与正在办税服务大厅办理业务的重庆银角制动器有限公司办税人员进行视频交流，关切询问环保税申报方面的困难。纳税人表示，当地税务机关为企业环保税首次申报做好了充分准备。王军强调，各级税务机关要充分认识环保税开征的重要意义，根据不同时间节点，采取有针对性的措施进一步优化纳税服务，重点解决好纳税人的痛点、堵点、难点问题，全力以赴确保党中央、国务院决策部署落地生根。

孙瑞标从五个方面提出要求：一是坚持依法治税，确保纳税人充分享受改革红利；二是着力提升环保税纳税服务水平，更好地落实政策、保障征管；三是充分利用好税收宣传月有利时机，加强多部门协作、多渠道发声，营造良好舆论环境；四是及时建立并畅通问题收集和快速处理机制，为纳税人排忧解难；五是做到未雨绸缪，统筹谋划好环保税改革效应分析工作。

任荣发强调各级税务部门要努力做到“三个确保”：一要确保征管系统平稳，保证稳定连通，防范化解风险；二要确保信息共享畅通，全面完成共享平台部署；三要提升办税服务质效，合理配置资源，保障办税场所秩序，确保纳税人正常申报。

据了解，目前各地税务部门核心征管系统、网报系统已部署上线，采集完成24万多户环保税纳税人基础信息，联合环保部门组织各类培训4600余次，采取多种方式辅导纳税人申报缴税，充分保障首个征期纳税申报平稳有序。

税务总局“便民办税春风行动”升级提速 努力营造更好税收营商环境

SAT Upgrades the Spring Breeze Campaign to Offer a Better Tax-based Business Environment

2018年2月26日，国家税务总局举办2018年“便民办税春风行动”启动暨办税事项“最多跑一次”清单发布活动，发布《办税事项“最多跑一次”清单》。国家税务总局副局长任荣发表示，税务部门将进一步减少办税时间，简并申报资料，优化服务质效，不断提升纳税人的满意度、遵从度和获得感，努力营造良好的税收营商环境。

“2014年以来，‘便民办税春风行动’已在全国税务系统连续开展了四年，至今已相继推出了26类90项系列创新服务举措。”税务总局纳税服务司司长孙玉山说，作为税务部门创新服务的品牌，“便民办税春风行动”坚持每年突出一个主题，每年实现一次新跨越，已走出了一条清晰的创新之路。

“多年的会计生涯，我看到了、感受到了税务部门不断优化服务的努力。”山东省嘉善文化传媒公司会计蔡宇对税务部门连续推进“便民办税春风行动”感受颇深。

“‘便民办税春风行动’四年来的实施效果

从网上办税的数据变化中便可一探究竟。”中央财经大学教授樊勇说，2012年只有10%的税务机关开通了网上办税服务功能，而目前税务系统已100%开通网上办税服务厅，实现涉税信息采集、申报缴税、发票业务、税收优惠、证明办理等90%以上涉税事项的网上受理，“网路”已逐步成为纳税人主要办税之“路”。

据了解，2018年，全国税务部门将以“新时代·新税貌”为主题，以深化“放管服”改革、优化税收营商环境为主线，连续第5年开展“便民办税春风行动”，进一步推出5类20项便民办税措施，不断优化税收营商环境，持续提升纳税人的获得感。

——在增强政策确定性方面，推出完善税收制度、开展征管制度清理、升级税收业务规范、加强政务公开和政策解读等4项20条措施，着力提升纳税人税法税制认同感。

——在增强管理规范性方面，推出改进税收执法、推进实名办税、实施信用管理、防控税收风险等4项13条措施，着力提升纳税人依法纳税公平感。

——在增强系统稳定性方面，推出加快电子税务局建设、简便信息报送、推行财务报表税企间转换等3项10条措施，着力提升纳税人办税渠道畅通感。

——在增强办税便利性方面，推出优化实体办税服务、深化联合办税、简化纳税申报、创新发票管理、推行清单式服务、深化大企业服务等6项24条措施，着力提升纳税人申报缴税便捷感。

——在增强环境友好性方面，推出优化税收营商环境、推进社会信用共治、服务经济发展战略等3项12条措施，着力提升纳税人税法遵从获得感。

“纳税人的办税体验是最有说服力的评价。”广东省汕头市地税局纳税服务科科长彭林鹏表示，此次“便民办税春风行动”在办税便利性方面推出优化实体办税服务、深化联合办税、简化纳税申报等措施，正是把服务落实在纳税人需求上的集中体现。

“2018年‘便民办税春风行动’的当头炮，是全面推开纳税人办税事项‘最多跑一次’改革。”据税务总局纳税服务司副司长张维华介绍，办税事项“最多跑一次”，是指税务机关通过优化办税流程、提升纳税服务质效、融合线上线下办税，在资料完整并且符合法定受理条件的情况下，让纳税人办理《清单》范围内的事项，最多只需要到税务机关一次或者全程网上办理。

此次税务总局公布的《清单》将于2018年4月1日起施行。税务总局税收科学研究所所长李万甫表示，《清单》涵盖了税务登记、认定管理、发票办理等办税全流程，件件都是纳税人的关注点，条条都基于纳税人的办税需求。

任荣发强调，2018年“便民办税春风行动”是税务部门贯彻落实党的十九大精神的重大举措，各级税务机关要加强组织领导，压实工作责任，强化督导检查，确保各项便民措施执行到位，落地生效。下一步，税务部门将进一步落实好“放管服”改革各项举措，着力营造稳定公平透明、可预期的税收营商环境。

税务总局举行一季度税收政策解读辅导视频会暨新闻发布会
更好服务企业“走出去” 助推经济高质量发展

SAT Holds the Tax Policy Interpretation Video Conference and the Press Conference for the First Quarter of 2018: Better Serve Enterprises "Going Global" to Promote High-Quality Economic Development

2018年2月27日，税务总局举行2018年第一季度税收政策解读辅导视频会暨新闻发布会，就完善企业境外所得税收抵免政策、企业所得税年度纳税申报表修订、环境保护税相关政策等内容进行解读。

为深入贯彻落实党的十九大精神，大力推进税务系统“放管服”改革落地，持续优化税收营商环境，税务总局从2017年起建立“一竿子到底”的税收政策解读辅导机制，每季度举办一次税收政策解读辅导视频会，由税务总局相关业务司局负责人详细解答基层税务机关和纳税人反映的热点难点税收问题。为进一步扩大辅导视频会宣传效果，从今年开始，税务总局在召开税收政策解读辅导视频会的同时举行新闻发布会。

完善配套规则 助力企业“走出去”

发布会上，所得税司负责人、国际税务司负责人分别就境外所得税收抵免政策、税收协定执行最新政策等，详细介绍了税收在提升我国企业国际竞争力，助力我国企业“走出去”方面发挥的作用。

境外所得税收抵免是指企业取得境外所得在境外直接缴纳或间接负担的企业所得税性质的税额，可以从其国内应纳所得税额中抵免的办法。这是一种消除国际重复征税的方法，能够有效降低我国“走出去”企业的税负。财政部、税务总局近日联合印发了《关于完善企业境外所得税收抵免政策问题的通知》（财税〔2017〕84号），从两个方面对境外所得税收抵免政策进行了完善，一是在原来单一的分国不分项抵免方法基础上增加综合抵免法，并赋予企业自行选择的权利；二是将境外股息间接抵免的层级由三层调整到五层。“这使得企业的抵免更加充分，有效降低企业境外所得总体税收负担，更好地鼓励我国企业‘走出去’。”

为更好地服务国家对外开放战略，为我国“走出去”企业提供税收服务，帮助企业规避境外投资税收风险，税务总局最近发布多项公告，对多项国际税收征管事项进行了明确。财政部、税务总局、发改委、商务部四部门联合发布文件，对境外投资者暂不征收预提所得税的条件、享受优惠的程序和责任、后续管理、部门协调机制等作了具体规定，税务总局还单独发布公告，明确相关配套征管制度，确保政策及时执行到位。

同时，为更好地适应形势变化和企业遇到的新情况，税务总局发布了《关于税收协定中“受益所有人”有关问题的公告》和《关于税收协定执行若干问题的公告》，进一步完善“受益所有人”规则，对税收协定中常设机构、海运和空运、演艺人员和运动员条款，以及合伙企业适用税收协定等有关事项作出了进一步明确，方便纳税人享受税收协定待遇。

精简报表做足准备　为“绿色税制”保驾护航

开征环境保护税作为落实党中央、国务院决策部署，助力经济高质量发展的重要举措，受到各方高度关注。今年1月1日，环境保护税法正式实施。按照税法规定，环保税是按季申报，因此，4月1日迎来环保税的首个征期。能否确保首个征期平稳顺利，是关系到环境保护费税制度转换成功落地的关键。税务部门围绕环保税首个征期分三个阶段细化了15项重点工作任务，目前第一阶段任务已经完成。各地税务机关共识别认定环保税纳税人26万多户，并基本完成网络报税系统与金税三期核心征管系统的联调测试，确保首个征期纳税人能足不出户进行网上申报。截至目前，全国累计辅导环保税纳税人19万多户，占已识别认定户数的72.9%。

经过广泛宣传培训，广大纳税人对于环保税的理解更为精准，对环保税的开征也更加支持。“环境保护费改税以后，相比缴纳排污费时代更加规范，企业负担更加公平均衡。”中国石油化工股份有限公司财务部负责人表示，中国石化将自觉履行纳税义务，坚持绿色低碳发展战略，从加强环境管理、提供清洁能源、节能减排与应对气候变化等方面践行环保责任，努力建设资源节约型、环境友好型企业。

为方便纳税人申报缴税，税务部门在简化报表上下了一番功夫。环保税纳税申报表围绕“简洁、减负”这一核心理念进行优化设计，将原来排污费按不同行业制定的报表模式调整为按“水、气、声、渣”四类污染物制定的报表模式，这就使得报表数量和纳税人填报字段量减少2/3左右。

同时，通过报表结构优化，进一步减轻纳税人填报负担，一方面采用了“纳税申报表+基础信息采集表”的结构，纳税人的排放口、污染物种类等基础税源信息，由基础信息采集表一次性采集，在网上申报时可自动带入申报表中；另一方面，纳税申报表与基础信息采集表均采用了“主表+附表”的结构，纳税人通过网报系统申报，申报表主表数据项均可由其附表或基础信息表自动带出或自动计算，自动生成环保税申报表主表，有效减轻了纳税人填报和计算负担。

提升办税便利度　让企业享受改革红利

每年5月底前是企业所得税的汇算清缴期，即依照税收相关法律和规定，向主管税务机关办理企业所得税年度纳税申报、结清上一个年度的企业所得税税款。

随着近年来企业所得税政策不断完善，税务系统“放管服”改革不断深化，2017年末税务总局发布了《中华人民共和国企业所得税年度纳税申报表（A类，2017年版）》，对2014年版的申报表进行了修改完善，实现了在填报难度上做“减法”，在填报质量上做“加法”，在填报服务上做“乘法”。

新申报表的优点：一是报表结构更趋合理，修订后的表单数量压缩10%，并且必填表只有2张，其他均为选填表，最大限度减轻了纳税人的申报负担；二是根据最新政策对表单或者栏次进行调整，确保了纳税人可以全面及时享受相关优惠政策；三是在申报表设计时更多考虑了信息化实现的要求，为各类纳税申报软件进一步优化自动计算、智能填报功能提供了便利条件。

下一步，全国税务系统将以习近平新时代中国特色社会主义思想为指导，深入贯彻落实党的十九大精神，持续提升税收服务和管理的效能，加大对税收政策解读力度，推动社会各界准确理解政策、正确执行政策、充分享受政策，着力优化税收营商环境，精准施策助力经济高质量发展。

国家税务总局举行新闻发布会
介绍2018年第一季度税务部门组织税收收入等方面情况

SAT Holds Press Conference to Brief Statistics of Tax Revenue Collected by Tax Departments for the First Quarter of 2018

2018年4月19日，国家税务总局举行新闻发布会，介绍2018年第一季度税务部门组织税收收入、落实税收优惠、优化纳税服务、打击虚开骗税、实施联合惩戒等方面情况。

2018年第一季度，全国税务系统深入学习贯彻习近平新时代中国特色社会主义思想和党的十九大精神，认真落实党中央、国务院的决策部署，组织税收收入（已扣减出口退税）39243亿元，同比增长17.8%，延续了去年以来税收收入平稳较快增长的态势。

税收收入数据折射经济高质量发展

2018年第一季度税务部门坚决依法收好税、坚决不收“过头税”、坚决落实减免税、坚决打击偷骗税，实现税收收入数量和质量的双提升。

税收收入形势总体较好，反映发展质效继续提升。一季度，全国税务部门组织税收收入增长17.8%，比上年同期增速提高6个百分点。同时，经济发展质效进一步提升，与企业增值能力相关的国内增值税增长20.3%；与经济活跃程度相关的印花税（不含证券交易印花税）增长12.8%；与企业盈利水平相关的企业所得税增长11.9%。

新兴产业税收收入增长迅速，反映新动能茁壮成长。一季度，互联网、科研技术等新兴服务业税收收入继续保持较快增长势头。其中，软件和信息技术服务业税收收入增长31.1%，自2014年以来连续17个季度累计增速超过20%，截至目前已连续9个季度累计增速超过30%，显示行业发展势头迅猛；科研技术服务业税收收入增长28.9%，其中研究和实验发展服务业税收收入增长25.4%，显示基础研究行业迅速发展；科技推广和应用服务业税收收入增长58.4%，显示科研成果加速转化。

消费类行业税收收入增长较快，反映国内需求较为旺盛。一季度，居民消费保持良好增长势头，如零售业税收收入增长24.1%，继续保持2016年以来的两位数增长。特别是广播影视、文化艺术、娱乐、教育等精神文化型消费行业税收收入分别增长38.3%、38.2%、27.3%、26%，反映居民消费升级步伐持续加快。

四大板块税收收入平稳较快增长，反映区域发展协调性进一步增强。一季度，东、中、西和东北四大板块地区税收收入分别增长15%、23.3%、23.8%和12.4%。与2017年相比，四大板块税收收入增速均明显提高，其中东部地区尽管税收规模较大，但仍达到了两位数的较快增长；中、西部地区发展势头迅猛，税收收入增速均超过20%；东北地区税收收入增幅也较2017年提高了5.4个百分点。这反映出中、西部地区正在加速发展，东北地区经济发展持续好转，四大板块发展区域协调性进一步增强。

税收优惠落地见效激发创新创业活力

减税政策能够有效降低企业经营负担，对于经济高质量发展具有十分关键的作用。今年以来，税务部门在做好组织收入工作的同时，认真贯彻落实党中央、国务院关于减税降负的一系列决策部署，有力激发了市场主体创新创业的活力，助推经济高质量发展。

在助力高新技术企业发展方面，一季度，税务部门落实支持高新技术企业发展的各项税收优惠政策累计减税904亿元，同比增加344亿元，增长61.4%。其中，支持软件和集成电路产业发展所得税优惠政策减免企业所得税197亿元，同比增长143.2%；扶持高新技术企业减按15%税率征收所得税政策减免企业所得税521亿元，同比增长50.6%；促进软件产业发展增值税优惠政策减免增值税127亿元，同比增长33.7%，为创新企业持续健康发展注入了强大动力。

同时，税收政策在助力小微企业发展方面也取得显著成效。一季度税务部门落实支持小微企业发展的各项税收优惠政策共计减税469亿元，同比增加108亿元，增长29.9%。其中，小型微利企业所得税减半征税优惠政策减免企业所得税154亿元，同比增长65.6%。

便民办税春风行动再推便捷办税升级版

今年一季度，税务部门以“新时代·新税貌”为主题，连续第5年开展“便民办税春风行动”，推出5类20项1771条细化措施，推动税收营商环境持续优化。

推行清单式服务。2月下旬，税务总局正式发布了包括5大类105个事项在内的《办税事项“最多跑一次”清单》，目前各省已经在落实总局清单的基础上完成了本地“最多跑一次”清单的发布工作，不仅如此，各省税务机关还进一步创新提升，分别编制了本地“一次不用跑”或“全程网上办”清单。

推进财务报表税企间转换。税务总局近期发布了财务报表数据转换参考标准，要求各地税务机关在4月底前根据参考标准，升级完善网上办税系统，实现与企业财务软件的对接，力争在今年选择一部分重点行业特别是大型企业，推行企业纳税申报表与财务报表之间的自动转换。目前，税务总局部署福建税务部门在全省范围推广财务报表自动转换工具，进展顺利，为下一步的全国推广提供了经验。

进一步优化实体办税服务。一方面，大力推进全国通办业务，目前已经有纳税人到广州、上海税务机关办理了全国通办业务。另一方面，在确保税收风险可控的基础上，依托网上办税服务厅，为新办纳税人提供“套餐式”服务，实现新办纳税人法定义务事项和首次领用发票相关办税事项一并办理。

“在一季度良好开局的基础上，下一步，税务总局将继续组织开展好二季度‘春风行动’，进一步提升纳税人获得感。”有关负责人表示。

狠准打击骗税虚开维护经济税收秩序

2017年全国税务机关共检查涉嫌骗税和虚开企业6.86万户，认定虚开和接受虚开增值税专用发票及其他可抵扣凭证584.23万份，成功查处了一批重大案件，并集中开展了部分区域和行业性专项整治。2018年税务部门继续保持打击虚开和骗税的高压态势，坚持力度不减、劲头不松、节奏不缓，成效初步显现。今年一季度，全国各级税务机关共检查虚开和骗税企业9271户，认定虚开和接受虚开增值税专用发票及其他可抵扣凭证121万份。

在落实税收违法“黑名单”制度方面，截至今年一季度，全国各级税务机关已累计公布8614件“黑名单”案件。其中，1090户“黑名单”当事人主动缴清税款、滞纳金和罚款后被撤出公布。在对“黑名单”当事人实施联合惩戒方面，全国各级税务机关累计向相关部门推送联合惩戒信息9.43万户次。公安部门已配合税务机关办理阻止欠税人出境边控信息1566人次；有5956名“黑名单”当事人被工商部门、市场监督管理部门限制担任企业的法定代表人、董事、监事及经理职务；有6405户“黑名单”当事人被限制融资授信。此外，还有8万余户“黑名单”当事人在取得政府供应土地、参加政府采购活动等方面被采取限制性措施。

当前虚开和骗税仍然呈现多发高发态势，违法犯罪手段不断出现新情况和新特点，严重破坏了正常的经济税收秩序，必须出重拳、亮利剑，毫不手软地对虚开骗税行为实施严厉打击。税务总局、公安部、海关总署和中国人民银行等四部门将进一步加大打击虚开和出口骗税力度，发挥部门优势增强打击合力，聚焦在打击目标和重点上突出一个“准”字、在打击措施和力度上突出一股“狠”劲，利用大数据选案提升精准打击水平，集中优势资源打击团伙作案，实施区域联动打击跨区域违法犯罪，营造全社会协税护税、共同防范虚开骗税违法行为的良好氛围。

纳税信用评级扩围让守信纳税人更“有感”

今年，税务部门进一步扩大纳税信用评价范围，将新设立的企业、评价年度内无生产经营业务收入的企业和适用企业所得税核定征收办法的企业纳入评价范围，并且在原有A、B、C、D四级的基础上，增设了M级纳税信用级别。

今年的评价户数由2017年的882万户增加至2388万户，基本实现了纳税信用评价对企业纳税人的全覆盖。在参评的扩围企业中，近九成被评为B级或M级，今后，这些企业不仅可以享受增值税专用发票网上勾选认证等税收领域便利措施，还能在申请贷款、参加评选等方面获得诸多便利，从而在市场竞争中赢得主动。

数据显示，排除扩围因素，与2017年同口径相比，今年A级企业占比由8.04%上升至10.18%，连续第3年保持稳定增长，B级企业占比由74.18%上升至75.74%，C级、D级企业占比则分别由2017年的10.92%、6.86%下降至8.70%、4.81%。这些数据反映出我国纳税守信群体稳步扩大、失信群体逐步缩小，纳税信用总体状况持续向好。

发布会上，税务总局还公布了厦门琪润贸易有限公司骗税案、深圳“铁锹1号”虚开骗税案等7起2017年打骗打虚专项行动典型案例。

全国税务系统推进内控机制建设工作视频会议召开

National Video Conference on Building up the Internal Control Mechanism across the National Tax System Held

2018年2月5日，税务总局召开全国税务系统推进内控机制建设工作视频会议。会议传达税务总局党组书记、局长王军对内控机制建设工作的批示精神，交流试点单位工作经验，部署推进税务系统内控机制建设工作任务。税务总局总审计师刘丽坚出席会议并讲话。

王军指出，2017年，税务系统内控机制建设工作取得了重要突破，值得充分肯定。2018年，各级税务机关要以习近平新时代中国特色社会主义思想为指导，旗帜鲜明讲政治，盯准目标，扭住关键，再接再厉，扎实推进内控机制建设。各级税务机关党组要把内控机制建设摆在重要议事日程，作为一把手工程，认真研究，靠前指挥，确保实效；要狠抓督促落实，密切协作配合，凝心聚力推进内控制度、防控措施落地生根；要加强内控监督平台全面推广上线后的日常运用和监督管理，切实发挥严管理、控风险、治未病、保平安的积极作用。

刘丽坚要求，通过多形式、多渠道加强宣传引导，使防控风险成为每一位税务干部的行为习惯，实现“要我控”到“我要控”的思想转变。下一步各级税务机关要围绕目标，强化责任，做好内部控制监督平台上线工作，及时开展业务软件内控功能内生化评估，努力完善内控制度体系，认真开展内控监督检查，强化内控成果运用，将内控工作“朝深里做、往宽处拓、向高处集、于实处落”，为落实全面从严治党要求和高质量推进新时代税收现代化提供坚强有力的保障。

中央纪委驻税务总局纪检组负责人，税务总局机关各单位负责人在主会场参加会议。安徽、浙江、青岛国税局，内蒙古、江西地税局和总局稽查局等6家单位作了交流发言。

税务总局召开税务绩效管理跨界研讨会

SAT Holds the Crossover Seminar on Tax Performance Management

运行4年的税务绩效管理成效如何？下一步如何继续改进和完善实施？2018年1月7日，国家税务总局召开税务绩效管理跨界研讨会，邀请专家学者、企业界人士、媒体代表和部分省市税务部门负责人，评估税务绩效管理推行情况，征求对2018年税务系统绩效管理6.0版的意见建议。

与会人士表示，党的十九大报告强调“转变政府职能，深化简政放权，创新监管方式，增强政府公信力和执行力，建设人民满意的服务型政府。”全国税务系统从实施绩效管理入手，积极探索，大胆实践，日益形成较为成熟的绩效管理体系，有力促进了税务部门职能转变，保障了税收改革发展，对加快推进国家治理体系和治理能力现代化作出了积极探索。

一步一个脚印持续探索创新

党的十八大以来，税务总局党组深入贯彻落实党中央关于“严格绩效管理”的精神，按照国务院关于“推进政府绩效管理”的部署，从2014年起实施税务绩效管理，从1.0版到现在的6.0版，持续改进留铁痕、踏平坎坷成大道，促进指标体系越来越优化、考评实施越来越严实、运行机制越来越规范、综合效应越来越明显。

2014年是税务系统“绩效启动年”，建立制度框架，上线运行绩效管理信息系统，对总局司局和省税务局试行绩效管理并向下延伸。2015年是“绩效推进年”，进一步完善管理制度，优化考评指标体系，实现总局、省局、市局、县局四级联动，建立了“纵向到底、横向到边”的格局。2016—2017年是“绩效提升年”，绩效管理体系更加完备、制度机制更加稳健，同时加强理论研究，努力创建富于税务特色、具有示范效应、发挥引领作用的政府绩效管理模式。

“火车跑得快，全靠车头带。绩效管理抓班子抓住了关键，抓指标突出了导向，对于推进工作落实非常管用。”辽宁省国税局副局长孙培山说，“正因为有一套完整的考评指标体系，各级国税部门要干什么、怎么干，如何以上带下，一目了然。”

“领导干部肩负着推进税收改革发展的重任，运用好绩效管理这支无形的‘指挥棒’，带好头、作表率，才能汇聚干部队伍的向心力。”浙江省国税局副局长崔成章说。浙江国税在绩效管理体系中突出“绩效管理抓班子”的定位，层层传导压力，一级带动一级，有力推动各项工作落实。

“通过组织绩效与个人绩效挂钩，每承接一项任务就自觉从质量和效率等方面思考，形成了‘按要求办、按时点报、按质效考’的良好风气。”江苏省地方税务局副局长陈筠说。按照考评标准确立的“规矩”，税务系统向上向善的干事创业氛围逐步形成。

2018年，税务总局将推出经过优化完善的6.0版考评指标。中国人民大学公共管理学院教授刘昕说，6.0版在理念上迈进了一步，更加突出关键绩效指标，提高对工作质量的评价；同时，紧扣新发展理念，关注不同地区和单位的发展不平衡问题，注重不同指标之间、考评部门与被考评单位之间的协调。此外，在减负上迈进了一步，大大压缩资料报送，推进“双向减负”，促进各层级、各单位把更多精力放在抓落实上。

国家行政学院政府绩效评估中心2016年对税务系统绩效管理开展第三方评估并给予高度评价。当时，税务绩效管理是4.0版，如今6.0版即将全面启航。国家行政学院政府绩效评估中心主任刘旭涛教授说，“政府绩效管理被称为世界性难题，中国这么大的国家需要有现代化的治理体系，税务系统绩效管理既是一次政府管理模式的创新，也是一项具有全国意义的变革。”复旦大学绩效研究中心主任牛军钰说，税务系统绩效管理在全国处于领先地位，最大的特色就是在实践中不断探索创新，实现从1.0版到6.0版的持续改进。

为打通政策落实“最后一公里”提供机制保障

与会代表认为，税务系统形成了一套符合税务部门实际、体现税务行业特点的绩效管理体系，不仅为贯彻执行中央决策部署、落实税收改革发展重任提供了有力保障，也为我国的行政管理方式创新提供了税务样本。

营改增是近年来我国规模最大的税制改革措施，特别是2016年全面推开营改增试点，全国税务部门仅用55天时间，完成了四大行业超过1000万户企业的税制转换，在中国税收改革发展史上写下浓墨重彩的一笔。

“这么短的时间，完成这么难的改革任务，没有高效的执行力肯定完成不了。”刘旭涛表示，在绩效管理统一的目标导向下，税务系统用行动诠释责任、担当和高效执行力。

“不折不扣贯彻党的十九大精神，需要一整套确保政策落细落实的保障体系”。中国行政管理学会副会长高小平说，仔细翻阅税务系统绩效考评手册发现，不仅是营改增，组织税收收入、推进税制改革、落实税收优惠政策等党中央、国务院各项重点工作部署，全部转化为各级税务机关考评指标。税务系统坚持将绩效管理的战略目标和税收工作的重点任务有机结合，确保政策落实的最后一公里“畅通无阻”。

刘旭涛表示，税务绩效管理不仅是全面贯彻落实党中央、国务院决策部署的“利器”，也成为税务系统转变职能的“法宝”。税务部门坚持绩效管理的“顾客导向”，通过深化“放管服”、深入开展“便民办税春风行动”等工作，提供优质便捷的纳税服务，有效地解决了纳税人填报难、办税慢、多头跑的问题，赢得了纳税人的认可和广泛赞誉。

中国海洋石油集团有限公司财务资产部税务处处长李楠说：“从2014年起，各地税务部门给我们提供了优质的税收服务和政策帮助，这都与税务系统推行绩效管理制度密切相关。”中国移动通信集团公司政企客户分公司财务部税务经理刘浏表示：“大到税制改革、小到办税便捷，比如金税三期上线和电子发票推行等，税务绩效管理的推行让我们享受到了更多纳税服务的便利。”

2017年第三方机构开展的纳税人满意度调查显示，国税、地税满意度综合得分均比前几年大幅提高。世界银行《营商环境报告》显示，我国企业2017年办税时间较前一年缩短了52小时，比2012年缩短了191小时，办税时间得到持续压缩。《瞭望》新闻周刊副总编辑王建军说：“绩效管理已经成为税务部门转变职能、提高征管和服务效能的重要抓手。”

“税务系统的绩效管理实践为其他政府部门开辟出一条可行的路。”新华社国内部首席记者韩洁说。实施绩效管理以来，税务系统的行政效率提高、干部精神面貌改善有目共睹，不仅在国内有影响，而且在第十届税收征管论坛大会上得到国外税务部门的积极评价，很多媒体都进行了报道。

高小平表示，税务系统绩效管理6.0版的提出表明，面对新的环境与发展要求，税务部门没有固步自封，而是不断更新完善绩效管理体系，继续坚持爬坡过坎的强大动力和居安思危的清醒头脑，持续推动税收工作高质量发展，无论在理论还是实践上都取得了长足的进步。

2017年12月12日，国家行政学院与世界银行在北京联合举办“公共治理现代化国际经验及启示”研讨会。国家税务总局有关负责人应邀在会上介绍绩效管理做法。中央编办监督检查司司长田玉萍认为，税务系统绩效管理是对税收工作的全方位考察，而且考评内容不断扩大，考评工具不断完善，对各地各部门开展绩效管理探索、提升治理水平、增强服务能力具有重要的借鉴意义。

坚持“三个导向”不断提升管理质效

座谈会上，与会人士表示，推进税务系统绩效管理工作，要全面贯彻落实党的十九大精神，在总结经验的基础上，不断顺应时代的发展，“一以贯之”以绩效管理“指挥棒”引领税收改革发展，确保中央重大决策部署精准落地。

坚持需求导向。税务系统绩效管理的出发点和落脚点，应始终聚焦纳税人需求、情系纳税人满意。国家公务员局考核奖励司司长宋汝冰认为，完善税务系统绩效管理体系，要一以贯之地坚持“以纳税人为中心”，围绕如何更好地服务纳税人，不断优化绩效管理指标。

“近年来，税务绩效管理经历了迭代升级，指标更为科学、考评更为精细。”宋汝冰建议，在推进服务型政府建设过程中，绩效管理指标体系的设计上应更聚焦纳税人，要更加注重内外结合，增强第三方参与，不断健全回应机制，增强绩效管理的指向性、精准性。

坚持问题导向。牛军钰建议，税务系统绩效管理要从目标评价向过程评价转变，确保纵向贯通、横向互通，通过绩效管理凝聚合力、形成拳头，推动各项工作部署在全系统落地落实。宋汝冰建议增加“回头看”的考评，让成绩靠后的单位认识到工作差距，不断改进、追求卓越。

在对干部个人绩效考评上，要更加注重职业生涯的规划。刘昕建议，要发挥绩效考评的“把脉问诊”作用，找到个人优缺点，并在干部交流、轮岗等方面予以侧重，最大程度发挥干部的能力和潜力，实现人力资源的最优配置。

坚持目标导向。推动经济高质量发展，是新时代我国制定经济政策、实施宏观调控的根本要求。税务部门作为国家重要的经济管理部门，各项工作的开展都要围绕“服务高质量发展”的重要目标。

“不仅要为政府部门提升行政管理水平贡献税务经验，更要为全球税务治理提供‘中国方案’。”高小平建议，下一步，税务系统绩效管理要在深化理论研究、开展对外交流、探索实践新路等方面进一步着力，努力以习近平新时代中国特色社会主义思想为指导，以一整套完善的绩效管理体系助力党的十九大精神在税务系统进一步落地生根，以更严的要求、更高的标准、更大的作为，更好地发挥税收在国家治理中的基础性、支柱性、保障性作用。

国家税务总局组织2017年度数字人事测试

SAT Organizes the 2017 Digital Personnel Test

2018年1月13日，国家税务总局组织开展2017年度数字人事业务能力升级和领导胜任力测试（以下简称“两测”）。参测单位包括税务总局机关部分司局、国税系统35个省局试点单位和地税系统5个省局试点单位。税务总局党组成员、副局长于春生对税务总局机关考点进行了巡考。

于春生指出，数字人事制度是税务总局党组贯彻落实习近平总书记关于加强干部队伍建设一系列重要指示精神，注重培养专业能力、专业精神，促进干部队伍更好适应新时代中国特色社会主义发展要求的重要举措。“两测”是数字人事架构中实现业务能力和领导胜任力评定、量化的有效手段，各级税务机关要以习近平新时代中国特色社会主义思想为指导，认真贯彻落实党的十九大精神，以“两测”为契机，狠抓干部教育培训工作创新，进一步营造税务系统终身学习、一生向上向善的良好氛围。

税务系统此次“两测”共设31个考区、51个考点、245个考场。1万余名干部参加测试。测试坚持目标导向、任务驱动，坚持干什么、学什么、考什么，同时坚持自愿参测，注重正向引导，形成激励效应，为下一步完善“两测”工作积累了经验。税务总局有关司局负责同志陪同巡考。

国家税务总局通报表扬 100名优秀县税务局长和100名优秀办税服务厅主任

SAT Commends 200 Excellent Directors of both County-level Tax Offices and Taxpayer Service Halls

近日，国家税务总局对在基层工作岗位上作出突出成绩的100名优秀县税务局长和100名优秀办税服务厅主任进行了通报表扬。在1月17日召开的全国税务工作会议上，税务总局党组书记、局长王军代表总局党组向受到表扬的优秀个人表示热烈祝贺，并向他们辛勤付出表示衷心感谢。

2017年，在党中央、国务院坚强领导下，全国税务系统深入贯彻习近平总书记关于加强基层建设的重要指示精神，全面落实税务总局党组严管善待活基层、厚植干事氛围工作部署，采取一系列有效措施，切实加强基层领导班子和干部队伍建设，推动基层工作基础更加扎实，基层面貌明显改观，税务形象不断提升，各方面工作取得新的成效，涌现出一批勇挑重担、开拓进取、敢打硬仗、能打胜仗的基层带头人，充分体现了“忠诚担当、崇法守纪、兴税强国”的中国税务精神。为表扬先进、鼓舞士气，税务总局决定，对北京市西城区国家税务局王忠新等100名优秀县税务局长，以及北京市朝阳区国家税务局第二税务所陈凤华等100名优秀办税服务厅主任予以通报表扬。

税务总局号召，全体税务干部职工特别是县税务局长和办税服务厅主任，要以受表扬的优秀个人为榜样，以习近平新时代中国特色社会主义思想为指导，认真学习贯彻党的十九大精神，在税务总局党组的正确领导下，忠诚担当、开拓创新、奋勇争先，干好税务、带好队伍，为进一步深化税收改革、优化营商环境，增强税收在国家治理中的基础性、支柱性、保障性作用，实现全面建成小康社会宏伟目标作出新的更大贡献。

国家税务总局机关举办“践行中国税务精神”演讲比赛

SAT Held the Speech Contest on “Putting China Tax Spirit into Actions”

2018年3月29日上午，国家税务总局机关举办“新时代 新征程 新作为——践行中国税务精神”演讲比赛决赛。受税务总局党组书记、局长王军委托，税务总局党组成员、副局长于春生，总审计师刘丽坚出席活动并为获奖选手颁奖。

于春生对于参赛选手的精彩表现给予充分肯定。他指出，本次演讲比赛是税务总局机关干部职工深入学习习近平新时代中国特色社会主义思想，认真贯彻党的十九大精神的生动体现。参赛选手在演讲中展现出了税务人的朝气、才气和志气，阐释了“忠诚担当、崇法守纪、兴税强国”的中国税务精神。

于春生要求，税务总局机关干部职工要通过这次演讲比赛，进一步增进“四个意识”、坚定“四个自信”，始终在政治立场、政治方向、政治原则、政治道路上同以习近平同志为核心的党中央保持高度一致，勇担重任，不辱使命，为高质量推进新时代税收现代化作出新的更大贡献。

本次演讲比赛分为预赛和决赛两个阶段进行。税务总局机关24个司局的选手参加了预赛，10个司局的选手进入决赛。决赛中，选手们通过鲜活的内容、感人的事例，生动展示了税务人的风采和情怀。经过激烈角逐，教育中心、税务杂志社荣获一等奖，办公厅、政策法规司、所得税司荣获二等奖，集中采购中心、收入规划核算司、机关服务中心、纳税服务司、财务管理司荣获三等奖。

2017年世界税收十件大事发布

Top Ten World Tax Events in 2017 Released

2018年1月31日，由中国国际税收研究会、中国税务杂志社和中国税务报社主办的2017年世界税收十件大事新闻发布会在北京举行。国家税务总局副局长孙瑞标出席新闻发布会并讲话。

“‘一带一路’国际合作高峰论坛重申发挥税收和财政政策作用将增长和生产性投资作为优先方向”位居十件大事之首。其他入选的新闻依次是：美国税改法案签署，67个国家和地区的政府代表共同签署《实施税收协定相关措施以防止税基侵蚀与利润转移（BPES）的多边公约》，《金砖国家领导人厦门宣言》提出努力建立公平、现代化的全球税收体系，联合国发布新版转让定价指南，OECD发布新税收协定范本，欧盟启动新一轮电子商务增值税改革，金砖国家税务局长签署金砖国家税务合作的第一份机制性文件——《金砖国家税务合作备忘录》，印度全面实施“货物劳务税”（GST）改革，澳大利亚对跨国公司正式开征转移利润税。

孙瑞标表示，当前，中国在全球税收领域的参与度、话语权和影响力不断提升。党的十九大作出了中国特色社会主义进入新时代的重大政治判断。中央经济工作会议进一步作出了我国经济已由高速增长阶段转向高质量发展阶段的重大战略论断。中国国际税收研究工作面临新的任务和挑战，要积极主动应对新任务新挑战,不断提升中国国际税收研究的成熟度、权威性和影响力。

中国国际税收研究会会长王力表示，国际税收十件大事不仅代表当前国际税收格局中的年度亮点，更是近几年来国际税收改革与发展的一个缩影。

与会专家围绕十件大事的发生背景、政策要义、内涵实质和国际影响等进行了点评。

助力高质量发展的税收改革举措

——《政府工作报告》涉税政策解析

Taxation Reform on Promoting High-quality Development
— Analysis on Tax Policies in the Government Work Report

□ 国家税务总局税收科学研究所所长　李万甫

2018年3月5日，李克强总理在十三届全国人大一次会议上所作的政府工作报告，推出了决胜全面建成小康社会的一系列政策举措，并对今年的税收改革与政策调整提出了明确要求。《政府工作报告》涉税内容具有举措多、覆盖广、指向明、措施实的鲜明特点，主要表现在：有接近20余项直接减税措施；涉及的税种较多，且大多数是现行税制中的重要税种；减税目标直指促进实体经济发展和民生改善，聚焦改革中的突出问题；确定的减税措施非常明确具体，操作性很强。深刻领会其涉税内容，全面推进税收改革举措落地，将对提升税收治理水平奠定良好的基础。

一、助力供给侧结构性改革的减税降费政策

过去5年来，税务部门为适应供给侧结构性改革中“三去一降一补”的任务要求，大力推行减税降费政策，持续涵养新税源，切实减轻各类市场主体负担，增强企业发展后劲，为经济稳中向好注入了新的政策动力。通过分步骤全面推开营改增及清理税务行政性收费等措施，共计减轻市场主体负担3万多亿元，有力推进了稳中求进工作总基调的落实。

面对新时代经济发展的阶段性特征要求，深入推进供给侧结构性改革和促进经济增长向高质量重效益转变的时代之需，《政府工作报告》提出：“重点降低制造业、交通运输等行业税率，提高小规模纳税人年销售额标准。大幅扩展享受减半征收所得税优惠政策的小微企业范围。大幅提高企业新购入仪器设备税前扣除上限。实施企业境外所得综合抵免政策。扩大物流企业仓储用地税收优惠范围。继续实施企业重组土地增值税、契税等到期优惠政策。”持续释放改革红利，进一步优化营商环境，加快经济转型升级，提升经济发展质量，预计全年减税将超过8000亿元。通过进一步清理规范政府性基金、行政事业性收费和经营服务收费等，直接增加企业的盈利水平，降低企

业的制度性交易成本，增强企业盈利能力的确定性，预计全年减负达3000亿元左右，合计全年减税降费规模将达11000亿元。这是一项相当可观的减收规模，直接降低企业的成本负担，增加企业的盈利能力和效益，并释放出更大的减税减费红利，为市场活力的增强和激活社会创造力，为供给侧结构性改革的深入推进和适应经济发展模式的转换，推进经济高质量发展，奠定良好的财税政策环境。

二、助力推动实体经济转型升级的税收改革

大力发展实体经济，加快制造强国建设，切实解决“脱实向虚”问题，这是建设现代化经济体系的关键环节。实体经济是国家重要的命脉，是国家实力的重要体现，关乎改革发展的持续稳定，是经济发展的“稳定器”和经济均衡增长的可靠动力。制造业是实体经济的主体，是技术创新的主战场，也是供给侧结构性改革的重点领域。党的十九大报告及《政府工作报告》均对制造业发展做出了明确的部署和安排，而优化税收环境降低实体经济企业成本，是发展实体经济、建设制造强国的重要前提和有效保障，也是深化供给侧结构性改革的内在要求。《政府工作报告》对制造业发展的税收政策及改革取向都提出了明确的要求，确定了税收改革的重点和方向。

（一）“改革完善增值税，按照三档并两档方向调整税率水平，重点降低制造业、交通运输等行业税率，提高小规模纳税人年销售额标准。”

这是基于在减轻企业税负背景下推进增值税三档并两档的改革，是近期完善增值税制的方向，而降低制造业、交通运输业等行业税率，又是其中重要一环，是优先推出的减税改革举措，可以理解为“先行先试”的改革意图。这一改革路线图意味着将减轻制造业等企业的税收负担，并有利于市场主体之间公平竞争环境的形成。先行降低制造业、交通运输业等行业税率，会降低这一环节应纳税额，增加企业现金流和资本积累能力，进而为其扩大生产规模和加大研发投入、优化生产经营结构创造条件。但也会形成短期多档税率并存现象，从而影响即期各行业税负分布的均衡性，这是改革举措抉择的难点。同时下调制造业（17%）、交通运输业（13%）税率，需符合未来增值税率并档改革的要求，并取得一致的改革取向，也要权衡现行增值税率三档的实际情况，这相当于税率并档改革的风向标。此外，提高小规模纳税人特别是货物企业的年销售额标准，是当务之急，也是大势所趋。这不仅是规范增值税管理的需要，也平衡了货物与劳务企业由于适用税率差距过大而带来的税负不公平等问题，更将进一步扩大小规模纳税人适用简易征收方式的覆盖面，切实减轻小型生产企业的税收负担。

（二）“扩大物流仓储用地税收优惠范围”“继续实施企业重组土地增值税、契税等到期优惠政策”“大幅提高企业新购入仪器设备税前扣除上限”

这三项税收政策措施也会在很大程度上助推实体经济发展，切实减轻实体经济企业的税收负担。现代物流企业是发展实体经济的题中应有之义，对推动包括制造业在内的实体经济高质量发展具有重大意义，扩大税收优惠政策范围，可以释放更大的激励和导向信号；企业的兼并重组是优化产业结构、转换发展方式和发展动能、助推混合所有制经济发展、深化供给侧结构性改革的重要途径，也是助力实现高质量高效益发展的基本方式，继续实施已有和即将到期的税收优惠，是税收改革服从国家经济发展大局，提高税收治理水平的重要举措；大幅度提高企业新购入仪器设备税前扣除上限

的新政策，有利于提高企业设备购置的积极性，从而有利于提高仪器设备制造业竞争力，这也与支持实体经济发展、鼓励技术创新、建设制造强国的政策目标是一致的。

三、助力激发市场主体活力的税收政策

进一步发挥市场在资源配置中的决定性作用，是中国特色社会主义市场经济的改革方向。培育壮大中小企业并引导其健康发展，是动能转换、结构升级的必然要求。激发中小企业的发展活力，是税收扶持政策关注的重点。《政府工作报告》对激发市场主体活力和社会创造力的税收政策做出了重要规定。

（一）“大幅扩展享受减半征收所得税优惠政策的小微企业范围”

一直以来，促进中小企业的发展是税收扶持政策的主要目标之一，税务部门先后采取的一系列税收优惠政策措施，取得了明显成效。多年以来，数次扩大小微企业享受减半计征所得税优惠政策，年应纳税所得额标准由最初2010年的3万元逐步提高到2017年的50万元，即年应纳税所得额在50万元以下的小微企业，享受减半征收企业所得税的税率优惠。现在看来，享受该项税收优惠的门槛还是定得有些偏高，与快速增长的中小企业发展不相匹配，政策的作用力度还不够。此次提出“大幅扩展”是极大利好。我国小微企业众多，吸纳了大量的人口就业，是带动投资和激励消费的重要力量，也是社会稳定、经济活力再现的重要支撑。此次《政府工作报告》提出要进一步加大税收优惠的适用面，大幅度扩展适用范围，对中小企业来说是一项重大利好，是切实减轻中小企业税收负担的良策。

（二）“将创业投资、天使投资税收优惠政策试点扩大到全国”

大力促进“大众创业、万众创新”再上新水平，打造“双创”升级版，是深入实施创新驱动发展战略，不断增强经济创新力和竞争力的重要载体。创新投资具有较大的风险，投资成本高、周期长，收益不确定性强。国家有效激励、降低风险水平，是非常必要的。按现行政策，对企业投资企业和个人投资者进行的符合条件的投资，准予按照投资额的70%抵扣相应的应纳税所得额。拓展对创业投资、天使投资税收优惠政策的覆盖面，提高受众、受益的创新创业主体范围，由局部试点政策拓展到全国范围，形成普惠性税收优惠，相应增强投资者的投资意愿，也便于平衡不同区域内投资创新主体的税收负担，有利于形成公平合理的创新投资的税收环境。

四、助力提升对外开放新格局的税收政策

进一步拓展对外开放的范围，提升对外开放的层次，完善开放结构布局，健全开放体制机制，以高水平开放推动高质量发展，这是新时代深化开放战略布局的重要内容。《政府工作报告》提出了一系列促进开放新格局的税收政策。

（一）“实施企业境外所得综合抵免政策”

为了维护国家税收主权利益，消除跨国投资的重复征税问题，对“走出去”企业进行跨国投资取得的收益，由原来的分国抵免政策改为综合抵免政策，有益于“走出去”企业海外投资收益的自动轧抵，相对降低其总体负担水平。这是降低“走出去”企业税负的政策选项，将极大提高我国所得税的国际竞争力。

（二）“实施境外投资者境内利润再投资递延纳税”

这是一项对国外投资者将所获得的税后利润追加投资给予的税收优惠政策，即境外投资者分得的境内居民企业的利润再投资于鼓励性投资项目，可实行递延纳税政策，暂不征收预提所得税。旨在更大程度上吸收已在中国境内投资的跨国公司持续再投资，有效抑制资本外流的冲动，

对稳定海外投资者的利益，激励外资企业做大做强，具有鲜明的政策导向。中国经济近年来的持续稳定发展，给外国投资者提供了良好的发展环境。税收优惠政策的实施，也进一步推动了跨国企业再投资的热情，并获得更大利益的回报。

五、助力保障和改善民生的税收改革

坚持以人民为中心的执政理念，是新时代治国理政的重要内涵，不断提升人民群众的获得感、幸福感、安全感，是改革发展的目标追求，稳步提高居民收入水平，是提高保障和改善民生的重要举措。《政府工作报告》基于合理减负的背景，对个人所得税的改革提出了具体要求。

（一）“提高个人所得税起征点”

目前我国个人所得税法中的工资薪金所得有所谓的“起征点”（税收术语是“基本减除费用标准”）规定，自2011年确定为3500元的标准后，一直未再做调整，社会要求调整的呼声很高。个人所得税“起征点”的设定，应当反映居民基本生活消费水平的变化情况，不宜设定过高，要综合考虑“提高直接税比重”的税改目标，也作为培养个人纳税意识的重要手段，从长远看会更加关注税款的使用，从而构建纳税与用税的互动机制。提高个人所得税“起征点”，无疑有助于壮大中等收入群体，让实际经济福利向中低收入阶层倾斜，而“起征点”提高的幅度，还应当在社会公平和经济效率中做出权衡，处理好调节收入分配、缩小贫富差距与个人所得税在税收治理体系中合理定位的关系，把个人所得税“起征点”的调整，纳入个人所得税总体改革方案设计中通盘考量。

（二）“增加子女教育、大病医疗等专项费用扣除”

增加个人所得税法的专项费用扣除，是个人所得税改革的方向和目标，将子女教育、大病医疗等百姓最急需关注的内容，纳入专项费用扣除范围，进行优先考虑，彰显个人所得税改革对增进民生福祉的重大意义，将会得到社会公众的广泛认同。而如何确定标准、划分边界、规范扣除，是紧迫任务，当务之急。

六、助力深化财税体制改革的地方税体系

科学的财税体制是确保国家长治久安的重要保障，应当充分发挥税收在国家治理现代化中基础性、支柱性、保障性作用。财税体制改革事关中央与地方、政府与市场、国家与社会等重大关系，在国家改革发展的战略布局中居于支柱性地位，是一项“牵一发而动全身”的改革。地方税体系建设是深化财税体制的改革的重要内容，《政府工作报告》提出了明确的要求。

（一）“健全地方税体系，稳妥推进房地产税立法”

健全地方税体系，是党的十九大报告提出的明确改革要求，加快地方税体系建设是深化财税体制改革的基础性工程，也是制定收入划分改革方案的迫切要求。把地方税体系建设放在结合财政事权与支出责任划分并据此建构中央与地方共享税体系的大背景下去研究和架构，跳出地方税即是地方专享税的思维定式，综合考虑税种属性与深化税制改革任务的需要，做大做强共享税，注重从税收收入归属角度，推进地方税体系建设，从而形成具有中国特色的中央与地方收入划分体系。推进房地产税立法，应当坚持先立法后改革，逐步推进；应当将“房子是用来住的，不是用来炒的”作为房地产税立法原则确立下来，并据此作为房地产税要素设计的重要前提，从而使房地产税立法取得广泛的社会共识；房地产税的立法意图及职能定位一定要清晰明了，避免多维目标取向下的房地产税立法所带来的诸多弊端，从而引起对社会公众的冲击；将房地产税立法作为健全地方税体系的重要内容去积极稳妥

推进。

（二）“改革个人所得税”

个人所得税改革的方向是将目前的分类税制转化为综合与分类相结合的税制，建立起符合国际通行做法的个人所得税的征税模式。除个人所得税若干要素要进行改革调整外，还应同步考虑个人收入财产信息系统的建设，有效归集个人收入财产，分清收入来源地，从而为申报确认后的多退少补措施夯实基础。此外，建立自然人税收征管法律制度也是当务之急，是确保个人所得税改革落地的法律保障。通过建立新型征税模式，提高“起征点”，增加专项扣除项目，使税负更加公平合理，充分体现调节收入分配、促进社会公平的作用效果。

此外，《政府工作报告》还明确了其他方面税收改革任务，如“将新能源汽车车辆购置税优惠政策再延长三年”，进一步推进消费升级；“下调汽车、部分日用消费品等进口关税”，稳定外贸良好态势。

当前，税制改革逐渐步入深水区，税收改革的社会关注度逐步提高，提升税收治理水平处于攻关期，要完成《政府工作报告》涉及的税收改革任务，仍需继续努力。

新形势下转变税收管理理念的思考

Thoughts on Changing the Thinking of Tax Administration Under New Conditions

□ 浙江省国家税务局总经济师　刘炳荣

一、当前税收管理面临的新形势

（一）税收征管体制改革和税务系统“放管服”改革对税收管理提出新要求

十三届全国人大一次会议批准的国务院机构改革方案中明确省级和省级以下国税地税机构合并，《深化国税、地税征管体制改革方案》提出建立现代化的税收征管体制，从理顺征管职责划分、建设电子税务局、转变税收征管方式等提出一系列改革任务，全国税务系统基层工作会议对进一步深化税务系统“放管服”改革优化税收环境作出系列部署，这都对转变传统税收管理模式、实现理念与时俱进提出了新的要求。

（二）税收增速放缓给税收管理带来新挑战

以浙江省为例，自2012年起税收增速由过去的两位数降为个位数。这就要求税务部门改变传统的粗放式税收征管方式，把有限的征管资源优先用于更有利于减少税收流失、缩小税收遵从缺口的关键环节和关键领域，全面提升组织收入能力。

（三）纳税人规模增长给税源管理带来新压力

全面推开营改增试点、商事制度改革等一系列举措进一步激发了市场活力，纳税人数量大幅增加，给税源管理带来新压力。2005年以来，浙江国税部门管辖的纳税户数从106.7万户增长到390.2万户;人均管户900户左右，增长了2.5倍;人均征收额达1.1亿元，增长了3倍。纳税户的井喷式增长与工作量的成倍增加对传统税收管理模式形成了倒逼态势。

（四）“互联网+”为税收征管模式提供新机遇

一方面，电子商务、网约车、团购平台、网红经济等新业态、新产品、新商业模式对传统的税收征管理念提出了挑战。企业经营管理信息化、智能化水平的迅速提高对税务部门的税收管理提出了新要求。另一方面，“互联网+”、人工智能、大数据、云计算等信息技术快速发展给税收征管方式变革带来了新机遇。

（五）纳税人维权意识增强对税收管理提出新期待

纳税人的法治意识、主体意识、权利意识的不断提升，对税务机关践行诚实推定，厉行公正执法、文明办税的要求越来越高。新行政诉讼法实施后，行政诉讼案件呈现向省局上移趋势，诉讼标的范围由税收稽查案件扩大至日常的税收管理行为。法治环境的变化需要尽快将法治思维融入税收管理工作中。

二、现行税收管理存在的主要问题

（一）税收法治建设尚需加快

一是税收征管法亟须修订。经济社会的快速发展增加了税收征管的难点甚至盲点，如电子商务等新业态税收征管、电子数据的法律地位等内容亟待补充和明确；税收风险管理的实施，税务登记、申报、征收、检查的征管程序也需要及时修订和调整。二是税收实体法律法规在部分基础规范层面上存在标准不一致、要求不明确，带来税收管理风险。三是“放管服”后续配套办法需要完善，税务非行政许可事项取消后的后续管理措施尚未完全到位，在没有上位法的依据下，容易出现管理缺位，存在税收渎职或执法风险。

（二）数据治税的理念与实践仍显滞后

当前经济生活正在数据化，数据治税是未来税收征管的发展方向。目前税务部门数据治税的不足表现在:一是数据治税理念尚未完全建立。税务部门习惯和依赖于税务登记管理、申报信息分析和实地核查等传统管理方式，大数据思维和分析能力不足。二是数据获取力度不够。税务部门获取数据的渠道还不够多，质量也有待提升。三是数据应用能力不够。依托大数据开展分析和提炼税收信息的能力尚未得到长足发展。从登记信息来看，税务登记存在资料不准、不全的现象，建立网络式关联户籍信息图的能力较为匮乏；从申报信息来看，发票管税仍是当前税收管理的基础，现金交易和真票虚开等现象的存在削弱了发票管税的有效性，利用大数据加强税收征管的能力有待加强。

（三）税收风险管理能力有待提升

经过近年的实践，税务系统基本确立了风险管理为导向的新管理方式，取得了一定成绩。但税收风险识别、分析、评级、应对和整体工作评价还不够科学，主要表现在：税收风险指标设置的行业特征不明显，影响了税收风险识别的准确性；纳税评估和税务稽查等风险应对人员素质不一，缺乏明确的操作规范，削弱了风险应对的效果；风险管理工作缺乏统一的执行标准或准则，风险管理工作评价难度较大。

三、当前转变税收管理理念的具体建议

（一）从效率管税向税收法治转变

效率是税收管理追求的目标，但随着对政府职能和税收本质的深入研究，税收的公共职能和公权力性质越发凸显，追求效率要以税收法治为前提。一是税收管理依据法定。加快推进税收法制化建设，依据法律制定行政法规和部门规章，在此基础上适应管理的需要，统筹制定规范性文件。二是税收执法程序规范。严格遵守法定程序执法，全面推行行政执法公示制度、执法全过程记录制度和重大执法决定法制审核制度，落实重大税收执法行为说明理由制度。加强税收执法督察，及时纠正执法偏差。三是完善税收管理行政救济。进一步扩大纳税人行政复议的权利，让每一位纳税人都能得到应有的权利救济。

（二）从单兵治理向共同治理转变

适应国家治理的要求，统筹协调社会各级协税护税力量，建立健全协税护税网络，加强综合治税能力。

加强公共部门合作。一是建立各级政府主导的统一信息交换平台和共享机制，保障税务及各有关部门及时获取信息，强化社会管理和公共服务。二是扩大与行政管理部门和公共事业单位的合作，实现管理互助、信用互认。三是加强司法协作，建设专业的侦查、公诉和审判队伍，建立专家咨询团队，提高涉税违法案件的监管与查处力度。

建设协税护税网络。针对中小企业量大分散，纳税意识高低不一，征管难度大的特点，借助社会力量，组建协税护税网络，形成税收治理的毛细血管，提高税收征管效能。一是发挥镇街、社区（市场）的层级机构优势，推行协作共治的网格化管理，提升服务辖区纳税人的能力。二是发挥涉税专业服务社会组织在税务咨询、涉税培训、涉税鉴证、涉税审核等方面的专业优势，降低征纳双方涉税风险。三是引导纳税人参与税收规范性文件的出台、解读、执行、遵守和监督的税收治理全过程，使其充分发表意见建议，建立合作信赖的征纳关系，提高税法自觉遵从度。

国内税收管理与国际税收管理相结合。近年来，实体贸易向虚拟贸易转变、跨境劳务向数据

劳务转变、直接投资向股权间接投资转变等新交易特点使跨境避税形式日益隐蔽化和多样化，国内法规无法单方面规范和约束。要积极参与国际税收规则制定，推动国际税收合作，实施应对税基侵蚀和利润转移（BEPS）行动计划，共同打击国际逃避税。

（三）从人工管税向数据管税转变

全面推开营改增试点使增值税发票实现全覆盖，以票管税能力得到进一步提升，但不开票交易、真票虚开依然无法有效监管。当前经济生活的数据化进程不断加快，税务机关可以且必须尽快树立数据管税理念。

树立互联网思维，实现“大数据+税务”。充分运用互联网信息技术和大数据分析能力，对征纳数据进行采集、储存、交换、分析和运用，提升税务机关在纳税服务、税收征管和税收分析方面的能力。一是打造数据化纳税服务平台，实现涉税业务的移动端办理，建立方便的征纳交互平台。二是实现税收征管数据化，研发移动征管平台，整合税务系统，实现“任务下发—任务执行—任务反馈”的全流程数字化管理。三是加强税收数据分析，运用大数据分析技术，对税收数据进行分析管理，建立税务地图，服务各区域经济发展。

运用办税实名信息，完善征管基础信息。一是加大推行办税实名制力度，实现所有纳税人实名办税。二是针对财务人员流动性强但行业从业人员总体稳定的特点，开展财务人员评级管理，并与受雇企业纳税信用等级相挂钩，激励财务人员树立守法意识、提高工作责任心，提高社会整体的税法遵从度。三是提供方便自主更新信息渠道。如网上办税时输入手机动态验证码，鼓励纳税人关注各级税务系统公众号，采用问卷调查方式收集信息等。

加强数据管理，建立数据管理团队。成立数据中心，建立标准、规范、完备的数据库，从数据来源、内容、格式、口径、质量、应用等多方面实施数据治理，发挥数据在税收管理工作中的核心作用。一是推广电子凭证，增强电子数据接收和管控能力。如推行电子发票、电子物流单、电子对账单等，采集交易链各环节数据。二是借助社会力量，聚力共进。如支持支付宝、微信支付等方式缴纳税款，开发可与财务系统对接的电子发票报销系统等。三是加强部门间数据共享，打破数据壁垒，脱离信息孤岛。四是提高信息化和数据分析管理人员招录比例，加强专业知识培养和业务能力提升。

（四）从均衡性管理向差别化管理转变

均衡性税源管理指以户为主体，从个体户到上市公司，从提醒企业纳税申报、税款缴纳，到核查企业税收减免、纳税评估，税务机关实施相同的税收服务和管理方式，造成税收征管资源利用率不高。应以税收风险管理为导向，以税源分类分级管理为基础，将有限的征管资源投向税收风险等级高、纳税遵从度低的纳税人。

以大数据强化风险管理。依托大数据分析技术对涉税大数据进行分析，提高税收遵从风险等级评定的科学性，实施差别化应对，将有限的资源投向具有高、中风险等级的纳税人。

完善分类分级管理。一是分规模管理。合理划分重点税源企业和一般税源企业。二是分行业管理。针对行业特点采取不同的税收征管方式。三是分信用等级管理。对纳税信用好的纳税人，提供更多税收便利服务；对信用差的纳税人，投入更多征管力量从严管理。

坚持随机抽查机制。 是科学确定抽查对象，根据纳税人特定特征和稽查力量配比情况，建立定向抽查库和非定向抽查库。二是合理确定抽查频率和比例。对于定向抽查库，采取三年或五年抽查制，每年随机抽查一定比例，一个周期内每户企业被抽查一次；对于非定向抽查库，按照辖区纳税户数确定年抽查率。

（五）从目标考核向绩效管理转变

与强调结果的目标考核不同，绩效管理将

目标任务细化分解到各个环节，实现对税收征管全程监控。税务系统应该以绩效管理为指挥棒，牢固树立抓绩效管理就是抓工作落实的理念，进一步提升税收征管质效。一是坚持绩效导向而非绩效至上。绩效管理考核指标不能只考虑达标比例，更要注重引导被考核者完成既定目标。二是从结果管理转向过程管理，面向整个税务系统发展的全过程，强调对各类涉税问题的反馈，重在不断提升税收事业发展。三是将环境因素纳入指标考量。不同地区经济发展状况、纳税人数量、特定行业等差异明显，相同指标的背后蕴含的税收工作量差距较大。需要科学设定外因权重，纳入环境因素，提高绩效考核公平性。四是科学设置绩效考核指标。减少指标总体数量，合理设置指标难度，使被考核者通过努力能够实现为佳。五是构建单位、部门和个人三位一体的管理体系。注重组织绩效和个人绩效的结合，通过建立科学的个人绩效管理体系，鼓励和帮助干部成长，激发工作积极性、主动性和创造性。六是个人绩效指标设定与岗责体系设置相匹配。税务系统综合性的党务、政务岗位与专业性的征管、法务、服务岗位工作差异较大，需合理配置个性指标与特性指标，突出岗位特点，激励干部做好本职工作。

（六）从机械式管理到智慧型管理转变

机械式征管模式下，税务部门与纳税人之间是管理者与被管理者关系，主要依靠税收执法来提高纳税人的税法遵从度，不利于增强纳税人依法纳税意识。应更多研究纳税人的行为与心理，变他律为自律，提高纳税人自主纳税意识。一是记录和分析纳税人的行为模式和习惯，分辨出具有类似行为特征的集群，针对性选择管理方式。二是分析纳税人心理，注重征管细节设计，学会巧管。如欧盟税务专家的调查显示，将纳税人的签名设计在纳税申报表的顶部而非底部，则申报表的正确率会明显提高。

“凡益之道，与时偕行”。改变是对传统的突破，会经历挣扎与反复。税收管理理念的改变也是如此，需要有不断碰撞、不断完善的过程，经过实践检验后，将受到更多的认可，发挥更好的引领作用。

工商总局、税务总局有关负责人就《关于加强信息共享和联合监管的通知》进行解读

Interpretations of Notification on Strengthening Information Sharing and Joint Supervision Released by State Administration for Industry & Commerce and SAT

为了深入贯彻落实《国务院关于促进市场公平竞争维护市场正常秩序的若干意见》（国发〔2014〕20号）、《国务院办公厅关于加快推进“多证合一”改革的指导意见》（国办发〔2017〕41号）要求，加强部门信息共享和联合监管，进一步推动改革深入有序开展，推进企业简易注销，优化服务环境，2018年1月15日，工商总局、税务总局联合印发了《关于加强信息共享和联合监管的通知》（以下简称《通知》），现就《通知》有关问题进行解读。

一、《通知》出台的背景是什么?

2016年12月26日，工商总局印发《关于全面推进企业简易注销登记改革的指导意见》（工商企注字〔2016〕253号）（以下简称《指导意见》），决定自2017年3月1日起，在全国范围内全面实行企业简易注销登记改革。截至2017年底，全国共有21.75万户企业通过简易注销登记程序退出市场。近段时间以来，有部分媒体反映简易注销的流程设计还不够便利，通过企业简易注销退出市场的数量还不多等社会关切的问题。为了解决各地推进改革中的突出问题，工商总局和税务总局联合印发了《通知》，就加强部门信息共享和联合监管作出部署，进一步推进企业简易注销改革，让更多企业享受改革红利。

二、工商和税务部门将如何加强协同，优化简易注销登记服务?

工商部门和税务部门将进一步加强协作，便利企业办理注册登记。一是工商部门将在企业注册登记时通过线上线下多种方式，向企业发放涉税事项告知书，提醒企业及时到税务部门办理涉税事宜。二是工商部门在国家企业信用信息公示系统设置提示服务，在企业发布简易注销公告前提醒企业及时到税务部门办理结清应纳税款、缴销发票等清税手续，以提高简易注销通过率。三是在企业信息填报界面设置简易注销承诺书下载模块和详细说明，方便企业下载填写。同时，对于因承诺书文字、形式填写不规范（如不按《通知》规定样式上传承诺书）的企业，工商部门可以在企业补正后受理其简易注销申请。四是允许企业在公告期届满次日起30日内向工商部门申请撤销简易注销公告。已撤销简易注销公告或者被企业登记机关依法作出不予简易注销决定的企业，可以正常办理工商登记事项和相关涉税事宜。企业再次申请注销时，只能通过普通注销登记程序退出市场。

需要特别说明的是，企业在公告期间，除应尽未尽的义务外，不得持营业执照办理工商变更登记和发票领用及其他相关涉税事宜。此外，对于公示的承诺书中全体投资人签字（盖章）不齐全、存在错误或提交的承诺书与公示的承诺书不

一致的，工商部门将不予受理简易注销申请。

三、企业在发布简易注销公告后，发现仍存在未结清税款的，应当如何补救?

《通知》规定，对未办理过涉税事宜的纳税人，办理过涉税事宜但没领过发票、没有欠税和没有其他未办结事项的纳税人，以及在公告期届满之日前已办结缴销发票、结清纳税款等清税手续的纳税人，税务部门将同意其简易注销。按照制度设计，企业在申请简易注销公告后发现存在未结清税款等事项的，只要在公告期届满前，在税务部门办结缴销发票、结清应纳税款等清税手续，税务部门即不提出异议。企业如无其他异议内容，即可通过简易注销程序退出市场。

需要特别注意的是，对于公告期届满仍有未办结涉税事项的企业，税务部门将在公告期届满次日向工商部门提出异议。鉴于部门间的数据交换以及将接受数据导入业务系统存在一定的时间周期，对于在公告期届满后三日内提出简易注销申请的，工商部门需要复核有关部门是否提出了异议后方可办理；对于公告期届满三日后提出简易注销申请，经复核无异议的，工商部门及时为其办理简易注销手续。

四、工商和税务部门在信息采集方面，有哪些新的内容?

工商部门在企业注册登记环节将增加“核算方式”和“从业人数”两项采集内容，工商总局将在今年修订企业登记申请文书规范，增加这两项数据采集内容。各地工商部门要按照工商总局要求，在线上、线下企业登记系统中增加相应信息采集功能。企业在工商部门注册登记后，税务部门通过信息共享获取工商登记信息，不再重复采集。企业登记信息发生变化的，对于工商变更登记事项，税务部门提醒企业及时到工商部门办理变更登记，对于税务变更登记事项，税务部门要回传给工商部门。

政策链接

工商总局　税务总局
关于加强信息共享和联合监管的通知

工商企注字〔2018〕11号

各省、自治区、直辖市、计划单列市、副省级市工商行政管理局（市场监督管理部门），国家税务局、地方税务局，国家税务总局驻各地特派员办事处：

为了深入贯彻落实《国务院关于促进市场公平竞争维护市场正常秩序的若干意见》（国发〔2014〕20号）、《国务院办公厅关于加快推进“多证合一”改革的指导意见》（国办发〔2017〕41号）要求，加强部门信息共享和联合监管，进一步推动改革深入有序开展，推进企业简易注销，优化服务环境，现就有关工作通知如下：

一、扩大登记信息采集范围

工商总局将修订企业登记申请文书规范，在企业注册登记环节增加“核算方式”“从业人数”两项采集内容。各地工商部门要按工商总局的要求，在线上、线下企业登记系统中增加相应信息采集功能，开展信息采集工作，并及时更新线上、线下提供的纸质及电子版办事表格。工商总局将加快建设全国统一的身份信息管理系统，各地工商部门要做好衔接。

税务部门通过信息共享获取工商登记信息，不再重复采集。企业登记信息发生变化的，对于工商变更登记事项，税务部门提醒企业及时到工商部门办理变更登记，对于税务变更登记事项，税务部门要回传给工商部门。工商部门要及时接收，并用于事中事后监管 。

二、协同做好涉税事项办理提醒服务

工商部门在企业注册登记时向企业发放涉税事项告知书（附件 1，以下称告知书），提醒企业及时到税务部门办理涉税事宜。对到工商办事大厅注册登记的企业，工商部门直接将告知书发放给企业；对通过全程电子化方式登记的企业，工商部门将告知书内容加载在相关登记界面，供企业阅览和下载。

工商部门在企业信息填报界面设置简易注销承诺书（附件 2）的下载模块，并在企业简易注销公告前，设置企业清税的提示（附件 3）。

三、协同推进企业简易注销登记改革

工商部门在企业发布简易注销公告起 1 个工作日内，将企业拟申请简易注销登记信息通过省级统一的信用信息共享交换平台、政务信息平台、部门间的数据接口（统称信息共享交换平台）推送给税务部门（具体模式可由各省工商部门和税务部门根据本地实际协商确定）。企业可在公告期届满次日起 30 日内向工商部门提出简易注销申请，或者撤销简易注销公告。对企业提出的简易注销申请，工商部门在 3 个工作日内作出是否准予简易注销的决定。对于因承诺书文字、形式填写不规范的企业，工商部门在企业补正后予以受理其简易注销申请。自公告期届满次日起，至工商部门作出是否准予简易注销决定之日或者企业自主撤销简易注销公告之日止，除应尽未尽的义务外，企业不得持营业执照办理发票领用及其他相关涉税事宜。工商部门应当及时将企业简易注销结果推送给税务部门。

税务部门通过信息共享获取工商部门推送的企业拟申请简易注销登记信息后，应按照规定的程序和要求，查询税务信息系统核实企业的相关涉税情况，对于经查询系统显示为以下情形的纳税人，税务部门不提出异议：一是未办理过涉税事宜的纳税人，二是办理过涉税事宜但没领过发票、没有欠税和没有其他未办结事项的纳税人，三是在公告期届满之日前已办结缴销发票、结清应纳税款等清税手续的纳税人。对于仍有未办结涉税事项的企业，税务部门在公告期届满次日向工商部门提出异议。

工商部门和税务部门按照简易注销技术方案（附件 4）实施简易注销登记改革相关工作，做好系统开发升级完善。

四、建立协同监管和信息共享机制

各地税务、工商部门要密切配合，建立健全增值税发票申领等协同监管机制。税务部门要充分利用工商共享信息进行税收风险分析和应对，并将纳税人的税收违法“黑名单”等信息共享给工商部门，由税务、工商部门施行联合监管。

各地工商、税务部门要积极建立健全信息共享对账机制，加大对共享信息的核实力度，定期进行数据质量比对分析，及时解决信息共享不全、不准、不及时的问题。对于信息共享过程中出现的数据问题要及时通报并协调解决。各地工商、税务部门不能通过部门间的数据接口直连共享登记信息的，也应当积极协调政府部门，按照工商总局、税务总局的要求，保证登记信息传输质量和效率。

五、认真抓好各项工作组织落实

（一）提高思想认识，争取各方支持

各级工商部门和税务部门要充分认识开展部门信息共享和管理协同工作的重要性和必要性，密切协作，主动作为，共同做好相关工作。要联合向当地党委政府汇报，积极争取发改、财政等部门支持，在人员、技术、经费等方面做好保障工作，为开展相关工作创造良好条件和基础。

（二）周密部署安排，统筹组织实施

省工商部门和税务部门要成立由两部门负责同志任组长的工作小组，共同制发本地区信息共享与管理协同的指导文件，明确信息共享层级和工作要求，统筹推进工作落实，及时协调和解决工作中的问题。属于全国层面的问题，及时向工商总局（企业注册局）和税务总局（征管和科技发展司）报告。

（三）加强技术保障，做好系统衔接

各级工商部门要严格按照简易注销技术方案（附件4）以及增加登记信息校验、对账等技术方案（另行下发）的要求，做好线上、线下企业登记系统，以及相关信息共享系统的优化升级改造及部署，确保采集到的数据精准可靠，传输的数据及时、完整；各级税务部门要严格按照上述技术方案的要求，升级改造业务系统和相关信息共享系统，做好数据的导入、整理、转化和反馈，确保工商、税务系统之间的有序衔接。

（四）加大宣传辅导，推动工作开展

各级工商部门和税务部门要充分利用广播、电视、报刊、微博、微信等各种媒介，做好宣传解读，提高政策知晓度和社会参与度，引导公众全面了解其享有的权利和对应的义务，及时解答和回应社会关注的热点问题，努力营造全社会理解改革、支持改革、参与改革的良好氛围。

附件：1.“多证合一”企业办理涉税事项告知书（编者略）
2. 全体投资人承诺书（编者略）
3. 温馨提示（编者略）
4.“简易注销”工商税务信息共享技术方案（编者略）

工商总局　税务总局

2018年1月15日

关于《国家税务总局关于发布〈办税事项“最多跑一次”清单〉的公告》的解读

Interpretations of SAT Public Notice on “One stop, One trip, One paper” List for handling tax matters

近日，国家税务总局发布《办税事项“最多跑一次”清单》的公告（国家税务总局公告2018年第12号，以下简称《公告》），现解读如下：

一、发布《公告》的背景

为进一步深化税务系统“放管服”改革，推进办税便利化，减少纳税人办税跑腿，降低纳税人办税成本，税务总局编制了《办税事项“最多跑一次”清单》（以下简称《清单》），自2018年4月1日起在全国实施。

人民群众到政府机关办事“最多跑一次”，是党中央、国务院高度重视并给予充分肯定的一项“放管服”改革，2018年1月23日习近平总书记主持召开的中央全面深化改革领导小组第二次会议上，再次充分肯定了“最多跑一次”改革成效，要求各地结合实际创新。在税务领域施行《办税事项“最多跑一次”清单》，是税务总局落实党中央、国务院深化“放管服”改革、优化营商环境的积极举措，是对广大纳税人的一项郑重承诺，是一项刀刃向内的改革。

二、《公告》的依据

根据党中央、国务院推进“放管服”改革和优化营商环境的系列部署，税务总局印发了《关于进一步深化税务系统“放管服”改革 优化税收环境的若干意见》（税总发〔2017〕101号），编制《清单》是其中优化纳税服务的措施之一。

三、办税事项“最多跑一次”的具体内容

办税事项“最多跑一次”，是指纳税人办理《清单》范围内的事项，在资料完整且符合法定受理条件的前提下，最多只需要到税务机关跑一次。纳税人的办税事项不符合法定受理条件，或者提交的资料不完整，不适用“最多跑一次”。《清单》共有报告类、发票类、申报类、备案类、证明类5大类105个事项。

四、各地将在《清单》的基础上增列“最多跑一次”办税事项

考虑各地信息化建设进度、纳税人办税习惯等存在差异，部分涉税事项暂未列入《清单》，主要涉及需要跨部门完成或者法律法规规定需要内部流转的事项。因此，《公告》要求各省国税机关和地税机关要结合本地实际，通过推行网上办税、邮寄配送、上门办税等多种方式，在《清单》的基础上增列“最多跑一次”办税事项，并向社会公告实施。同时，税务总局将根据政策变化情况适时调整《清单》，在国家税务总局官方网站公布。

五、《公告》施行时间

本公告自2018年4月1日起施行。

政策链接

国家税务总局关于发布《办税事项“最多跑一次”清单》的公告

国家税务总局公告2018年第12号

为贯彻落实国务院深化“放管服”改革的决策部署，进一步方便纳税人办理税收业务，优化税收营商环境，按照《国家税务总局关于进一步深化税务系统“放管服”改革 优化税收环境的若干意见》（税总发〔2017〕101号）的总体安排，税务总局编制了《办税事项“最多跑一次”清单》（以下简称《清单》），现予以发布，并就有关问题公告如下：

一、办税事项“最多跑一次”，是指纳税人办理《清单》范围内事项，在资料完整且符合法定受理条件的前提下，最多只需要到税务机关跑一次。

二、对《清单》所列办税事项，各地税务机关应全面实现“最多跑一次”。各省国税机关和地税机关可通过推行网上办税、邮寄配送、上门办税等多种方式，在税务总局《清单》的基础上增列“最多跑一次”办税事项，分别形成本地国税局、地税局的办税事项“最多跑一次”清单并向社会公告实施。

三、各地税务机关在推行“最多跑一次”改革的同时，应积极落实税务总局深化“放管服”的要求，大力推进网上办税，努力实现办税“不用跑”。

四、省税务机关要针对“最多跑一次”办税事项的报送资料、办理条件、办理时限、办理方式及流程等编制办税指南并进行公示和宣传，便于纳税人掌握，顺利推进办税事项“最多跑一次”改革。

五、税务总局将根据政策变化适时调整《清单》，在国家税务总局官方网站公布。

六、本公告自2018年4月1日起施行。

特此公告。

国家税务总局

2018年2月23日

关于《国家税务总局关于纳税信用评价有关事项的公告》的解读

Interpretations of SAT Public Notice on Tax Credit Evaluation

近日，国家税务总局发布《国家税务总局关于纳税信用评价有关事项的公告》（国家税务总局公告2018年第8号，以下简称《公告》），现解读如下：

一、发布《公告》的背景

自2014年7月，税务总局发布《国家税务总局关于发布〈纳税信用管理办法（试行）〉的公告》（国家税务总局公告2014年第40号，以下简称《信用管理办法》）以来，税务系统已连续开展2014、2015和2016三个年度的纳税信用评价，按规定参与纳税信用评价的企业获得了相应的纳税信用级别。随着我国信用体系建设不断推进，企业的信用状况已在招投标、融资等领域得到广泛利用，成为企业参与市场竞争的必要条件，纳税信用已成为企业参与市场竞争的重要资产。但按照现行规定，新设立企业、全年没有营业收入的企业以及适用企业所得税核定征收办法的企业尚未纳入纳税信用评价范围，这些企业要求参与纳税信用评价的呼声越来越高。

为回应广大纳税人的关切，进一步落实国务院“放管服”改革精神，优化税收营商环境，鼓励“大众创业、万众创新”，根据《中华人民共和国税收征收管理法》和《国务院关于印发社会信用体系建设规划纲要（2014–2020年）的通知》（国发〔2014〕21号），税务总局制发本公告，将新设立企业、全年没有营业收入的企业以及适用企业所得税核定征收办法的企业纳入纳税信用评价范围，为其增添信用资产。

二、《公告》主要内容

（一）完善纳税信用评价范围的制度

本公告明确，《信用管理办法》中未纳入纳税信用评价范围的3类企业将参加纳税信用评价：

一是新设立企业，指从首次在税务机关办理涉税事宜之日起时间不满一个评价年度的企业，本公告中的评价年度是指公历年度，即1月1日至12月31日。

二是评价年度内无生产经营业务收入的企业。

三是适用企业所得税核定征收办法的企业。

（二）明确了上述企业纳税信用的评价时限

1. 新设立企业在2018年4月1日以前已办理涉税事宜的，税务机关应在2018年4月30日前对其纳税信用进行评价；从2018年4月1日起，对首次在税务机关办理涉税事宜的新设立企业，税务机关应及时进行纳税信用评价。

2. 评价年度内无生产经营业务收入的企业和适用企业所得税核定征收办法的企业，税务机关在每一评价年度结束后，按照《信用管理办法》规定的时限进行纳税信用评价。目前《信用管理办法》规定，税务机关在评价年度下一年的4月份对这些企业进行纳税信用评价，并发布评价结果。

（三）增设M级纳税信用级别和适用范围

增设M级纳税信用级别，纳税信用级别由A、B、C、D四级变更为A、B、M、C、D五级。M级纳税信用适用未发生《信用管理办法》第二十条所列失信行为的新设立企业和评价年度内无生产经营业务收入且年度评价指标得分70分以上的企业。

（四）明确纳税信用M级企业适用的激励措施

本公告明确对M级企业赋予两项激励措施：一是可在网上勾选认证增值税专用发票，不用再前往办税服务厅办理增值税发票认证；二是税务机关加大服务力度，适时进行税收政策和管理规定的辅导。

（五）完善纳税信用动态调整机制

为及时反映企业纳税信用状况，本公告明确：无论是新参加纳税信用评价的企业，还是原来已参加纳税信用评价的企业，如果发生《信用管理办法》第二十条所列失信行为的，税务机关应及时对其纳税信用级别进行调整，并以适当的方式告知。

三、《公告》的施行

本公告自2018年4月1日起施行。

政策链接

国家税务总局关于纳税信用评价有关事项的公告

国家税务总局公告2018年第8号

随着纳税信用体系建设不断推进，纳税信用的社会价值和社会影响力日益增强，成为纳税人参与市场竞争的重要资产。为进一步落实国务院“放管服”改革精神，优化税收营商环境，鼓励“大众创业、万众创新”，根据《中华人民共和国税收征收管理法》和《国务院关于印发社会信用体系建设规划纲要（2014-2020年）的通知》（国发〔2014〕21号），现就进一步完善纳税信用评价的有关事项公告如下：

一、新增下列企业参与纳税信用评价：

（一）从首次在税务机关办理涉税事宜之日起时间不满一个评价年度的企业（以下简称“新设立企业”）。评价年度是指公历年度，即1月1日至12月31日。

（二）评价年度内无生产经营业务收入的企业。

（三）适用企业所得税核定征收办法的企业。

二、本公告第一条所列企业的纳税信用评价时限如下：

（一）新设立企业在2018年4月1日以前已办理涉税事宜的，税务机关应在2018年4月30日前对其纳税信用进行评价；从2018年4月1日起，对首次在税务机关办理涉税事宜的新设立企业，税务机关应及时进行纳税信用评价。

（二）评价年度内无生产经营业务收入的企业和适用企业所得税核定征收办法的企业，税务机关在每一评价年度结束后，按照《纳税信用管理办法（试行）》（国家税务总局公告2014年第40号发布，以下简称《信用管理办法》）规定的时限进行纳税信用评价。

三、增设M级纳税信用级别，纳税信用级别由A、B、C、D四级变更为A、B、M、C、D五级。未发生《信用管理办法》第二十条所列失信行为的下列企业适用M级纳税信用：

（一）新设立企业。

（二）评价年度内无生产经营业务收入且年度评价指标得分70分以上的企业。

四、对纳税信用评价为M级的企业，税务机关实行下列激励措施：

（一）取消增值税专用发票认证。

（二）税务机关适时进行税收政策和管理规定的辅导。

五、企业（包括新设立企业）发生《信用管理办法》第二十条所列失信行为的，税务机关应及时对其纳税信用级别进行调整，并以适当的方式告知。

六、除上述规定外，纳税信用管理的其他事项按照《信用管理办法》规定执行。

七、本公告自2018年4月1日起施行，《信用管理办法》第十七条第二项同时废止。

特此公告。

国家税务总局

2018年2月1日

关于《国家税务总局　财政部　海关总署关于扩大赋予海关特殊监管区域企业增值税一般纳税人资格试点的公告》的解读

Interpretations of Public Notice Jointly Released by SAT, Ministry of Finance and General Administration of Customs on Expanding the Pilot Program for Qualification of General VAT Taxpayers Granted to Enterprises in Areas Specially Supervised by the Customs

为进一步增强企业发展活力和竞争力，促进加工贸易转型升级和贸易便利化，税务总局、财政部和海关总署决定扩大赋予海关特殊监管区域企业增值税一般纳税人资格试点（以下简称一般纳税人资格试点），并共同制定了《关于开展赋予海关特殊监管区域企业增值税一般纳税人资格试点的公告》（以下简称《公告》），为便于政策理解和执行，现对《公告》解读如下：

一、《公告》出台的背景

为落实《国务院关于促进外贸回稳向好的若干意见》（国发〔2016〕27号）的决策部署，税务总局、财政部和海关总署于2016年11月1日在昆山综合保税区、苏州工业园综合保税区、上海松江出口加工区、河南郑州出口加工区、郑州新郑综合保税区、重庆西永综合保税区和深圳盐田综合保税区7个海关特殊监管区域开展了一般纳税人资格试点。一年多来，试点工作坚持市场导向，尊重企业主体地位，打破了束缚海关特殊监管区域发展的政策桎梏，有效提升了区内企业提高统筹两个市场、利用两种资源的能力，变加工贸易“大进大出”为“优进优出”，增强了海关特殊监管区域企业发展的活力和竞争力。为进一步推动海关特殊监管区域发展质量和效益的提高，促进加工贸易转型升级和贸易便利化，税务总局、财政部和海关总署决定扩大一般纳税人资格试点。

此外，考虑企业参加试点后，根据市场形势变化，经营模式也会相应发生调整，为更好地支持企业适应对外贸易形势发展变化，提升企业统筹国际国内两个市场两种资源的能力，促进产业转型升级，推动加工贸易创新发展，在此次扩大试点时建立了试点退出机制。退出机制适用范围包括此次纳入试点的17个海关特殊监管区域和前期试点的7个海关特殊监管区域。

二、《公告》的主要内容

《公告》除引入退出机制外，基本上延续了《国家税务总局　财政部　海关总署关于开展赋予海关特殊监管区域企业增值税一般纳税人资格试点的公告》（国家税务总局　财政部　海关总署公告2016年第65号）的试点政策。《公告》主要内容有两个方面：

（一）扩大试点的区域范围。包括浙江宁波出口加工区、成都高新综合保税区、阿拉山口综合保税区、广西北海出口加工区、北京天竺综合保税区、上海闵行出口加工区、郴州综合保税区、辽宁大连出口加工区、福州保税港区、福州出口加工区、青岛前湾保税港区、武汉东湖综合保税区、无锡高新区综合保税区、苏州高新技术产业开发区综合保税区、镇江综合保税区、淮安综合保税区、吴江综合保税区17个海关特殊监管区域。

（二）退出机制的内容。一是申请一般纳税人资格试点满36个月的企业可申请退出试点。二是退出试点后，恢复执行海关特殊监管区域内非试点企业税收政策且36个月内不得再申请试点。三是申请退出试点企业应提前向主管税务机关和主管海关递交退出试点申请，经主管税务机关和主管海关核准后启动退出试点工作。四是试点企业在退出前，应结清税款（包括征税税款、出口退税税款），方可办理退出手续。五是对区内企业退出试点前的增值税留抵税额不予抵扣或退还，转成本处理。六是退出试点的企业，除销售服务、无形资产或者不动产外，不得领用和开具增值税专用发票。

三、执行时间

《公告》自2018年2月1日起施行。

政策链接

国家税务总局　财政部　海关总署关于扩大赋予海关特殊监管区域企业增值税一般纳税人资格试点的公告

国家税务总局公告2018年第5号

为进一步提升海关特殊监管区域企业统筹国际国内两个市场两种资源的能力，提高海关特殊监管区域发展的质量和效益，推动加工贸易转型升级，促进贸易便利化，结合前期试点情况，国家税务总局、财政部和海关总署决定扩大赋予海关特殊监管区域企业增值税一般纳税人资格试点。现将有关事项公告如下：

一、将赋予海关特殊监管区域企业增值税一般纳税人资格试点（以下简称一般纳税人资格试点）扩大到浙江宁波出口加工区、成都高新综合保税区、阿拉山口综合保税区、广西北海出口加工区、北京天竺综合保税区、上海闵行出口加工区、郴州综合保税区、辽宁大连出口加工区、福州保税港区、福州出口加工区、青岛前湾保税港区、武汉东湖综合保税区、无锡高新区综合保税区、苏州高新技术产业开发区综合保税区、镇江综合保税区、淮安综合保税区、吴江综合保税区 17 个海关特殊监管区域。

二、建立一般纳税人资格试点退出机制（适用范围包括前期试点的 7 个海关特殊监管区域）。申请一般纳税人资格试点满 36 个月的企业可申请退出试点。退出试点后，恢复执行海关特殊监管区域内非试点企业税收政策且 36 个月内不得再申请试点。

申请退出试点企业应提前向主管税务机关和主管海关递交退出试点申请，启动退出试点工作。试点企业在退出前，应结清税款，方可办理退出手续。对区内企业退出试点前的增值税留抵税额不予抵扣或退还，转成本处理。退出试点的企业，除销售服务、无形资产或者不动产外，不得领用和开具增值税专用发票。

三、除以上调整外，一般纳税人资格试点政策其他内容继续执行《国家税务总局　财政部　海关总署关于开展赋予海关特殊监管区域企业增值税一般纳税人资格试点的公告》（国家税务总局　财政部　海关总署公告 2016 年第 65 号）的有关规定。

四、本公告自 2018 年 2 月 1 日起施行。

特此公告。

国家税务总局　财政部　海关总署

2018 年 1 月 12 日

关于《国家税务总局关于增值税一般纳税人登记管理若干事项的公告》的解读

Interpretations of SAT Public Notice on Registration Management of General VAT Taxpayers

近日，国家税务总局发布《国家税务总局关于增值税一般纳税人登记管理若干事项的公告》（国家税务总局公告2018年第6号，以下简称《公告》），现解读如下：

一、发布《公告》的背景

《增值税一般纳税人登记管理办法》（国家税务总局令第43号，以下简称《办法》）已于近期发布，为明确相关执行口径，税务总局制发《国家税务总局关于增值税一般纳税人登记管理若干事项的公告》（以下简称《公告》）。

二、《公告》的主要内容

（一）明确了《办法》中“经营期”“纳税申报销售额”“稽查查补销售额”“纳税评估调整销售额”“其他个人”“固定生产经营场所”“税务登记证件”的执行口径。

（二）明确了《办法》中主管税务机关制作

的《税务事项通知书》中，需告知纳税人的有关内容。

（三）明确了纳税人兼有销售货物、提供加工修理修配劳务（以下称“应税货物及劳务”）和销售服务、无形资产、不动产（以下称“应税行为”）的，应税货物及劳务销售额与应税行为销售额分别计算，分别适用增值税一般纳税人登记标准，其中有一项销售额超过规定标准，就应当按照规定办理增值税一般纳税人登记相关手续。

（四）明确了经税务机关核对后退还纳税人留存的《增值税一般纳税人登记表》，可以作为纳税人成为增值税一般纳税人的凭据。

政策链接

国家税务总局关于增值税一般纳税人登记管理若干事项的公告

国家税务总局公告2018年第6号

为了贯彻实施《增值税一般纳税人登记管理办法》（国家税务总局令第43号，以下简称《办法》），现将有关事项公告如下：

一、《办法》第二条所称“经营期”是指在纳税人存续期内的连续经营期间，含未取得销售收入的月份或季度。

二、《办法》第二条所称“纳税申报销售额”是指纳税人自行申报的全部应征增值税销售额，其中包括免税销售额和税务机关代开发票销售额。“稽查查补销售额”和“纳税评估调整销售额”计入查补税款申报当月（或当季）的销售额，不计入税款所属期销售额。

三、《办法》第四条第二项所称的“其他个人”是指自然人。

四、《办法》第六条第一项所称的“固定生产经营场所”信息是指填写在《增值税一般纳税人登记表》“生产经营地址”栏次中的内容。

五、《办法》第六条第一项所称的“税务登记证件”，包括纳税人领取的由工商行政管理部门或者其他主管部门核发的加载法人和其他组织统一社会信用代码的相关证件。

六、《办法》第八条规定主管税务机关制作的《税务事项通知书》中，需告知纳税人的内容应当包括：纳税人年应税销售额已超过规定标准，应在收到《税务事项通知书》后5日内向税务机关办理增值税一般纳税人登记手续或者选择按照小规模纳税人纳税的手续；逾期未办理的，自通知时限期满的次月起按销售额依照增值税税率计算应纳税额，不得抵扣进项税额，直至纳税人办理相关手续为止。

七、纳税人兼有销售货物、提供加工修理修配劳务（以下称“应税货物及劳务”）和销售服务、无形资产、不动产（以下称“应税行为”）的，应税货物及劳务销售额与应税行为销售额分别计算，分别适用增值税一般纳税人登记标准，其中有一项销售额超过规定标准，就应当按照规定办理增值税一般纳税人登记相关手续。

八、经税务机关核对后退还纳税人留存的《增值税一般纳税人登记表》，可以作为证明纳税人成为增值税一般纳税人的凭据。

九、《办法》中所规定期限的最后一日是法定休假日的，以休假日期满的次日为期限的最后一日；在期限内有连续3日以上（含3日）法定休假日的，按休假日天数顺延。

十、本公告自2018年2月1日起施行。《国家税务总局关于明确〈增值税一般纳税人资格认定管理办法〉

若干条款处理意见的通知》（国税函〔2010〕139号）、《国家税务总局关于调整增值税一般纳税人管理有关事项的公告》（国家税务总局公告2015年第18号）、《国家税务总局关于“三证合一”登记制度改革涉及增值税一般纳税人管理有关事项的公告》（国家税务总局公告2015年第74号）、《国家税务总局关于全面推开营业税改征增值税试点有关税收征收管理事项的公告》（国家税务总局公告2016年第23号）第二条同时废止。

特此公告。

国家税务总局

2018年1月29日

关于《国家税务总局关于公布符合条件的销售熊猫普制金币纳税人名单（第九批）暨不符合条件的纳税人退出名单（第三批）的公告》的解读

Interpretations of SAT Public Notice on Publicizing the List of Both Eligible Taxpayers Selling Gold Panda Coins (Ninth Batch) and of the Ineligible (Third Batch)

经国务院批准，国家税务总局联合财政部印发了《关于熊猫普制金币免征增值税政策的通知》（财税〔2012〕97号），明确自2012年1月1日起，对符合条件的纳税人销售的熊猫普制金币免征增值税。之后税务总局配套印发了《关于发布〈熊猫普制金币免征增值税管理办法（试行）〉的公告》（国家税务总局公告2013年第6号），并先后公布了八批符合免税条件的纳税人名单，以及两批不符合免税条件的纳税人退出名单。

现将第九批符合条件的76户纳税人及第三批不符合条件的11户纳税人名单予以公布。符合条件的纳税人包括：中国金币总公司控股子公司1户；经中国银行业监督管理委员会批准，允许开办个人黄金买卖业务的金融机构38户；经中国金币总公司批准，获得“中国熊猫普制金币授权经销商”资格，并通过金币交易系统销售熊猫普制金币的纳税人37户。另外11户授权经销商不再符合条件，列入退出名单。

公告明确名单所列符合条件的纳税人销售熊猫普制金币符合财税〔2012〕97号文件和国家税务总局公告2013年第6号文件相关规定的，免征增值税。不符合条件的纳税人销售熊猫普制金币，不再免征增值税。

政策链接

国家税务总局关于公布符合条件的销售熊猫普制金币纳税人名单（第九批）暨不符合条件的纳税人退出名单（第三批）的公告

国家税务总局公告2018年第10号

现将符合条件的销售熊猫普制金币纳税人名单（第九批，见附件1）予以公布。该名单所列纳税人销售熊猫普制金币，符合《财政部 国家税务总局关于熊猫普制金币免征增值税政策的通知》（财税〔2012〕97号）和《国家税务总局关于发布〈熊猫普制金币免征增值税管理办法（试行）〉的公告》（国家税务总局公告2013年第6号）相关规定的，可享受增值税免税政策。

不符合条件的纳税人退出名单（第三批，见附件2）所列纳税人销售熊猫普制金币，不再按照上述规定享受增值税免税政策。

本公告自2018年4月1日起施行。

特此公告。

附件：1. 符合条件的销售熊猫普制金币纳税人名单（第九批）（编者略）

2. 不符合条件的纳税人退出名单（第三批）（编者略）

国家税务总局

2018年2月5日

关于《国家税务总局关于成品油消费税征收管理有关问题的公告》的解读

Interpretations of SAT Public Notice on Consumption Tax Collection and Administration of Refined Oil Products

近日，国家税务总局发布《国家税务总局关于成品油消费税征收管理有关问题的公告》（国家税务总局公告2018年第1号，以下简称《公告》），现解读如下：

一、发布《公告》的目的是什么?

为加强成品油消费税的征收管理，维护公平的税收秩序，营造良好营商环境，实施生产、批发、零售的全流程税收监控管理，发布本公告。

二、如何开具成品油发票？

所有成品油发票均须通过增值税发票管理新系统中成品油发票开具模块开具。

（一）销售成品油所开具的增值税发票为成品油发票。

（二）成品油发票开具模块由主管税务机关开通。成品油的生产和经销企业分别使用相应的成品油发票开具模块。

（三）纳税人应按照以下规则开具成品油发票：

1. 正确选择商品和服务税收分类与编码。

2. 发票“单位”栏应选择“吨”或“升”，蓝字发票的“数量”栏为必填项且不为“0”。成品油消费税实行从量计征，为便于计算成品油发票上载明的成品油数量对应的消费税税额，成品油发票的“数量”栏统一为“吨”或“升”，以其他计量单位销售的成品油开具发票时，应按规定的换算率换算为“吨”或“升”。

3. 开具成品油专用发票后，发生销货退回、开票有误以及销售折让等情形，应按规定开具红字成品油专用发票。

销货退回、开票有误等原因涉及销售数量的，应在《开具红字增值税专用发票信息表》中填写相应数量，销售折让的不填写数量。

4. 成品油批发和加油站等经销企业，开具成品油发票的某一商品和服务税收分类编码的油品总量，应不大于所取得的成品油专用发票、海关进口消费税专用缴款书对应的同一商品和服务税收分类编码的油品总量。

例如，某经销企业开具成品油发票时，已取得成品油专用发票载明的柴油100吨、石脑油30吨，取得海关进口消费税专用缴款书载明的石脑油50吨，登录增值税发票选择确认平台确认购入柴油和石脑油所取得的成品油专用发票、海关进口消费税专用缴款书信息，并通过成品油发票开具模块下载上述已经确认的信息后，可开具100吨柴油和80吨石脑油的成品油发票。

三、纳税申报表调整的主要内容是什么？

自税款所属期2018年3月起，成品油消费税纳税人纳税申报时应填写新的《成品油消费税纳税申报表》及其附列资料，《国家税务总局关于成品油消费税纳税申报有关问题的公告》（国家税务总局公告2015年第3号）规定的申报表于2018年4月1日起停止使用。附列资料有：《本期准予扣除税额计算表》《本期委托加工情况报告表》和《国家税务总局关于调整消费税纳税申报有关事项的公告》（国家税务总局公告2015年第32号）公布的《本期减（免）税额明细表》。

四、对纳税申报实行比对的主要内容是什么？

在消费税纳税申报时，由系统自动比对，比对内容包括：成品油消费税纳税人、扣缴义务人填报的成品油消费税纳税申报表及其附列资料、开具的成品油发票、取得的税款扣除凭证、备案的税收优惠、代扣代缴税款等。纳税人申报的成品油销售数量，应分别大于或等于已开具成品油发票载明的同类油品数量；申报扣除的成品油数量，应小于或等于取得的扣除凭证载明数量。

五、关于具体衔接问题有何规定？

（一）成品油经销企业应于2018年3月10日前（包括3月10日），将截至2018年2月28日的成品油库存情况（不包括未取得增值税专用发票、海关进口消费税专用缴款书的成品油库存）录入增值税发票选择确认平台。

（二）成品油消费税纳税人外购用于连续生产的成品油，取得2018年2月28日前（包括2月28日）开具的增值税专用发票且符合扣除规定的，纳税人应于税款所属期2018年4月前申报，计入《本期准予扣除税额计算表》“本期外购入库数量”中。连续生产耗用后，按规定计算扣除已纳消费税税款。

政策链接

国家税务总局关于成品油消费税征收管理有关问题的公告

国家税务总局公告2018年第1号

为加强汽油、柴油、航空煤油、石脑油、溶剂油、润滑油、燃料油等成品油消费税的征收管理，维护公平的税收秩序，营造良好营商环境，现将有关问题公告如下：

一、所有成品油发票均须通过增值税发票管理新系统中成品油发票开具模块开具。

（一）成品油发票是指销售汽油、柴油、航空煤油、石脑油、溶剂油、润滑油、燃料油等成品油所开具的增值税专用发票（以下称“成品油专用发票”）和增值税普通发票。

（二）纳税人需要开具成品油发票的，由主管税务机关开通成品油发票开具模块。

（三）开具成品油发票时，应遵守以下规则：

1.正确选择商品和服务税收分类编码。

2.发票“单位”栏应选择“吨”或“升”，蓝字发票的“数量”栏为必填项且不为“0”。

3.开具成品油专用发票后，发生销货退回、开票有误以及销售折让等情形的，应按规定开具红字成品油专用发票。

销货退回、开票有误等原因涉及销售数量的，应在《开具红字增值税专用发票信息表》中填写相应数量，销售折让的不填写数量。

4.成品油经销企业某一商品和服务税收分类编码的油品可开具成品油发票的总量，应不大于所取得的成品油专用发票、海关进口消费税专用缴款书对应的同一商品和服务税收分类编码的油品总量。

成品油经销企业开具成品油发票前，应登录增值税发票选择确认平台确认已取得的成品油专用发票、海关进口消费税专用缴款书信息，并通过成品油发票开具模块下载上述信息。

二、外购、进口和委托加工收回的汽油、柴油、石脑油、燃料油、润滑油用于连续生产应税成品油的，应凭通过增值税发票选择确认平台确认的成品油专用发票、海关进口消费税专用缴款书，以及税收缴款书（代扣代收专用），按规定计算扣除已纳消费税税款，其他凭证不得作为消费税扣除凭证。

外购石脑油、燃料油用于生产乙烯、芳烃类化工产品的，应凭取得的成品油专用发票所载明的石脑油、燃料油的数量，按规定计算退还消费税，其他发票或凭证不得作为计算退还消费税的凭证。

三、自税款所属期2018年3月起，纳税人申报成品油消费税时应填写新的《成品油消费税纳税申报表》及其附列资料（见附件）。享受成品油消费税减免税优惠政策的纳税人，在纳税申报时应同时填写《国家税务总局关于调整消费税纳税申报有关事项的公告》（国家税务总局公告2015年第32号）公布的《本期减（免）税额明细表》。

纳税人申报的某一类成品油销售数量，应大于或等于开具的该同一类成品油发票所载明的数量；申报扣除的成品油数量，应小于或等于取得的扣除凭证载明数量。申报比对相符后，主管税务机关对纳税人的税控设备进行解锁；比对不相符的，待解除异常后，方可解锁。

四、成品油经销企业应于2018年3月10日前（包括3月10日），将截至2018年2月28日的成品油库存情况(不包括未取得增值税专用发票、海关进口消费税专用缴款书的成品油库存)录入增值税发票选择确认平台。

五、外购用于连续生产的成品油，取得2018年2月28日前（包括2月28日）开具的增值税专用发票且符合扣除规定的，纳税人应于税款所属期2018年4月前申报，计入《本期准予扣除税额计算表》“本期外购入库数量”中，连续生产耗用后，按规定计算扣除已纳消费税税款。

六、本公告自2018年3月1日起施行，《用于生产乙烯、芳烃类化工产品的石脑油、燃料油退（免）消费税暂行办法》（国家税务总局公告2012年第36号发布）第十一条、第二十七条、《国家税务总局关于消费税有关政策问题补充规定的公告》（国家税务总局公告2013年第50号）第九条、《国家税务总局关于成品油生产企业开具的增值税发票纳入防伪税控系统汉字防伪项目管理的公告》（国家税务总局公告2013年第79号）、《国家税务总局关于成品油经销企业开具的增值税发票纳入防伪税控系统汉字防伪版管理的公告》（国家税务总局公告2014年第33号）、《国家税务总局关于成品油消费税有关问题的公告》（国家税务总局公告2014年第65号）、《国家税务总局关于进一步调整成品油消费税有关征收管理问题的公告》（国家税务总局公告2014年第71号）同时废止。《国家税务总局关于成品油消费税纳税申报有关问题的公告》（国家税务总局公告2015年第3号）自2018年4月1日起废止。

特此公告。

附件：成品油消费税纳税申报表（编者略）

国家税务总局

2018年1月2日

关于《国家税务总局关于境外投资者以分配利润直接投资暂不征收预提所得税政策有关执行问题的公告》的解读

Interpretations of SAT Public Notice on Implementation issues of the Tax Policy on Temporary Exemption from the Withholding Tax for Allocated Profits Used on Direct Investment by Overseas Investors

为落实国务院决定，财政部、国家税务总局、国家发展和改革委员会、商务部联合发布了《关于境外投资者以分配利润直接投资暂不征收预提所得税政策问题的通知》（财税〔2017〕88号，以下简称《通知》）。为配合《通知》执行，国家税务总局发布《国家税务总局关于境外投资者以分配利润直接投资暂不征收预提所得税政策有关执行问题的公告》（国家税务总局公告2018年第3号，以下简称《公告》）。现就执行境外投资者以分配利润直接投资暂不征收预提所得税（以下简称“暂不征税”）政策有关问题解读如下：

一、如何认定被投资企业是否从事与鼓励类项目相关的经营活动?

按照《通知》第二条第(四)项规定，作为境外投资者享受暂不征税政策的条件之一，被投资企业要在境外投资者投资期限内从事符合鼓励类项目范围的经营活动，鼓励类项目范围包括《外商投资产业指导目录(2017年修订)》(中华人民共和国国家发展和改革委员会　中华人民共和国商务部令第4号)所列的鼓励外商投资产业目录和《中西部地区外商投资优势产业目录(2017年修订)》(中华人民共和国国家发展和改革委员会　中华人民共和国商务部令第46号)所列的目录。按照《公告》第一条第一款规定，符合鼓励类项目范围的经营活动包括与鼓励类项目相关的一项或多项经济活动，相关经济活动包括生产产品或提供服务、研发活动、投资建设工程或购置机器设备和其他经营活动。凡被投资企业在境外投资者投资期限内至少开展了一项《公告》第一条第一款规定所列举经营活动的，即可以被认为符合《通知》第二条第(四)项规定的条件。

按照《公告》第一条第二款规定，享受暂不征税待遇的境外投资者应向利润分配企业主管税务机关提供符合《通知》第二条第(四)项规定的证明资料，提交资料时间可以选择在收回享受暂不征税待遇的投资前或者按照《通知》第七条规定申报补缴递延税款时。主管税务机关对相关证明材料有疑问的，可提请地(市)税务机关转同级发展改革部门或商务部门出具意见。

二、境外投资者在享受暂不征税待遇过程中需要提交哪些资料?

境外投资者享受暂不征税待遇的过程包括向利润分配企业提出享受暂不征税待遇的要求，以分得利润直接投资，向利润分配企业主管税务机关提出追补享受暂不征税申请，通过处置投资资产收回直接投资等环节。在这些环节中，境外投资者应提供以下资料:

(一)境外投资者在向利润分配企业提出享受暂不征税待遇要求时，应按照《公告》第三条第一款规定填报并提交《非居民企业递延缴纳预提所得税信息报告表》。

(二)境外投资者在收回享受暂不征税待遇的投资前或者按照《通知》第七条规定申报补缴递延税款时，应按照《公告》第一条第二款规定向利润分配企业主管税务机关提供符合《通知》第二条第(四)项规定的证明资料。

(三)境外投资者在向利润分配企业主管税务机关提出追补享受暂不征税待遇申请时，应按照《公告》第三条第二款规定填报并提交《非居民企业递延缴纳预提所得税信息报告表》以及相关合同、支付凭证、与鼓励类投资项目活动相关的资料，以及省税务机关规定要求报送的其他资料。

(四)境外投资者在通过处置投资资产收回直接投资时，应按照《公告》第三条第三款规定填报《中华人民共和国扣缴企业所得税报告表》。

(五)按照主管税务机关根据《公告》第七条规定提出的要求，提供与享受暂不征税待遇相关的其他资料。

三、利润分配企业在执行暂不征税政策过程中需要办理哪些税务事项?

按照《通知》第三条规定，利润分配企业在执行暂不征税政策过程中需要办理的税务事项包括:

(一)接受境外投资者填报的《非居民企业递延缴纳预提所得税信息报告表》。

(二)按照《公告》第四条规定审核境外投资者提供的信息资料。审核内容有三项：一是境外投资者填报的信息在形式上是否完整，有无缺项；二是利润实际支付过程与境外投资者填报信息是否吻合；三是境外投资者填报信息涉及利润分配企业的内容是否真实、准确。

（三）经过上述审核后，三项内容均无误的，利润分配企业可以在支付利润时暂不按照企业所得税法第三十七条规定扣缴企业所得税。

（四）利润分配企业在执行暂不征税政策后，应自实际支付利润之日起7日内向利润分配企业主管税务机关报送《中华人民共和国扣缴企业所得税报告表》，同时附报由境外投资者提交并经利润分配企业补填相关信息后的《非居民企业递延缴纳预提所得税信息报告表》。

（五）按照主管税务机关根据《公告》第七条规定提出的要求，提供与享受暂不征税待遇相关的其他资料。

四、境外投资者不当享受暂不征税政策的，利润分配企业和境外投资者分别承担什么责任?

按照《通知》第三条和《公告》第八条规定，利润分配企业承担错误执行暂不征税政策的责任，但限于未按照《公告》第八条规定进行审核的情形。在利润分配企业应承担责任的情形之外，因境外投资者提供信息有误，致使利润分配企业错误执行暂不征税政策的，按照《通知》第三条和《公告》第九条规定，由境外投资者承担未按期申报缴纳税款责任。

五、境外投资者在享受暂不征税待遇后补缴递延税款时，如何享受税收协定待遇?

按照《公告》第二条规定，境外投资者在享受暂不征税待遇后补缴递延税款时，仍可以按照有关规定享受税收协定待遇，但通常只能适用相关利润支付时有效的税收协定规定，即除税收协定另有规定外，境外投资者不得享受补缴递延税款时的税收协定待遇。补缴递延税款情形包括按照《通知》第四条规定纠正不当享受暂不征税待遇和按照《通知》第七条规定停止享受暂不征税待遇。按照《公告》第二条规定享受协定待遇的境外投资者应在办理纳税申报时，自行报送《非居民纳税人享受税收协定待遇管理办法》（国家税务总局公告2015年第60号）规定的报告表和资料。

政策链接

国家税务总局关于境外投资者以分配利润直接投资暂不征收预提所得税政策有关执行问题的公告

国家税务总局公告2018年第3号

根据《国务院关于促进外资增长若干措施的通知》（国发〔2017〕39号）、财政部等4部委《关于境外投资者以分配利润直接投资暂不征收预提所得税政策问题的通知》（财税〔2017〕88号，以下称《通知》）等有关规定，现对境外投资者以分配利润直接投资暂不征收预提所得税（以下称“暂不征税”）政策有关执行问题公告如下：

一、《通知》第二条第（四）项规定的经营活动具体包括下列与鼓励类投资项目相关的一项或多项经济活动：

（一）生产产品或提供服务；

（二）研发活动；

（三）投资建设工程或购置机器设备；

（四）其他经营活动。

境外投资者应在收回享受暂不征税政策的投资前或者按照《通知》第七条规定申报补缴税款时，向利润分配企业主管税务机关提供符合《通知》第二条第（四）项规定的交易证据、财务会计核算数据等资料。主管税务机关对相关资料有疑问的，提请地（市）税务机关按照《通知》第六条规定处理。

二、按照《通知》第四条或者第七条规定补缴税款的，境外投资者可按照有关规定享受税收协定待遇，但是仅可适用相关利润支付时有效的税收协定。后续税收协定另有规定的，按后续税收协定执行。

三、境外投资者按照《通知》第三条规定享受暂不征税政策时，应当填写《非居民企业递延缴纳预提所得税信息报告表》，并提交给利润分配企业。

境外投资者按照《通知》第五条规定追补享受暂不征税政策时，应向利润分配企业主管税务机关提交《非居民企业递延缴纳预提所得税信息报告表》以及相关合同、支付凭证、与鼓励类投资项目活动相关的资料以及省税务机关规定要求报送的其他资料。

境外投资者按照《通知》第四条或者第七条规定补缴税款时，应当填写《中华人民共和国扣缴企业所得税报告表》，并提交给利润分配企业主管税务机关。

四、利润分配企业应当按照《通知》第三条规定审核境外投资者提交的资料信息，并确认以下结果后，执行暂不征税政策：

（一）境外投资者填报的信息完整，没有缺项；

（二）利润实际支付过程与境外投资者填报信息吻合；

（三）境外投资者填报信息涉及利润分配企业的内容真实、准确。

五、利润分配企业已按照《通知》第三条规定执行暂不征税政策的，应在实际支付利润之日起7日内，向主管税务机关提交以下资料：

（一）由利润分配企业填写的《中华人民共和国扣缴企业所得税报告表》；

（二）由境外投资者提交并经利润分配企业补填信息后的《非居民企业递延缴纳预提所得税信息报告表》。

利润分配企业主管税务机关应在收到《非居民企业递延缴纳预提所得税信息报告表》后10个工作日内，向《通知》第二条第（一）项规定的被投资企业（以下称“被投资企业”）主管税务机关或其他相关税务机关发送《非居民企业税务事项联络函》，转发相关信息。

六、被投资企业主管税务机关或者其他税务机关发现以下情况的，应在5个工作日内以《非居民企业税务事项联络函》反馈给利润分配企业主管税务机关：

（一）被投资企业不符合享受暂不征税政策条件的相关事实或信息；

（二）境外投资者处置已享受暂不征税政策的投资的相关事实或信息。

七、在税务管理中，主管税务机关可以依法要求境外投资者、利润分配企业、被投资企业、股权转让方等相关单位或个人限期提供与境外投资者享受暂不征税政策相关的资料和信息。

八、利润分配企业未按照本公告第四条审核确认境外投资者提交的资料信息，致使不应享受暂不征税政策的境外投资者实际享受了暂不征税政策的，利润分配企业主管税务机关依照有关规定追究利润分配企业应扣未扣税款的责任，并依法向境外投资者追缴应该缴纳的税款。

九、境外投资者填报信息有误，致使其本不应享受暂不征税政策，但实际享受暂不征税政策的，利润分配企业主管税务机关依照《通知》第四条规定处理。

十、境外投资者持有的同一项中国境内居民企业投资包含已享受暂不征税政策和未享受暂不征税政策的投资，境外投资者部分处置该项投资的，视为先行处置已享受暂不征税政策的投资。

境外投资者未按照《通知》第七条规定补缴递延税款的，利润分配企业主管税务机关追究境外投资者延迟缴纳税款责任，税款延迟缴纳期限自实际收取相关款项后第 8 日（含当日）起计算。

十一、境外投资者、利润分配企业可以委托代理人办理本公告规定的相关事项，但应当向税务机关提供书面委托证明。

十二、本公告自 2017 年 1 月 1 日起执行。

特此公告。

国家税务总局

2018 年 1 月 2 日

关于《国家税务总局关于长期来华定居专家免征车辆购置税有关问题的公告》的解读

Interpretations of SAT Public Notice on Exemption from the Vehicle Purchase Tax for Experts with Willingness to Settle in China for a Long Term

《财政部　国家税务总局关于防汛专用等车辆免征车辆购置税的通知》（财税〔2001〕39号）规定，长期来华定居专家进口1辆自用小汽车，免征车辆购置税；根据财税〔2001〕39号文件，《关于车辆购置税征收管理有关问题的公告》（国家税务总局公告2015年第4号）明确：长期来华定居专家办理进口自用小汽车免税手续，除了按办法规定提供申报资料外，还应当提供国家外国专家局（以下简称外专局）或者其授权单位核发的专家证。基层税务机关在日常工作中，需要查验“专家证”。

2015年12月31日，国务院审改办决定“外国人入境就业许可”和“外国人来华工作许可”整合为“外国人来华工作许可”，由外专局负责组织实施。2017年3月8日，外专局等四部委《关于全面实施外国人来华工作许可制度的通知》（外专发〔2017〕40号），决定自2017年4月1日起，在全国实施外国人来华工作许可制度，并将原《外国人就业证》和《外国专家证》统一变更为《中华人民共和国外国人工作许可证》（简称《外国人工作许可证》），《外国人工作许可证》分为A、B、C三类，A类发予外国高端人才，B类发予外国专业人才，C类发予其他普通外国人员。

最近税务总局接到基层税务机关关于上述证件名称发生变化的反映后，及时商请外专局界定“来华专家”和其使用的证件类型，外专局回函明确：持有A类和B类《外国人工作许可证》（含试点版）的外国人，为财税〔2001〕39号文件所规定的人员。

税务总局进行了专项调研并在听取基层税务机关的意见的基础上，拟以公告形式明确相关涉税事项。

明确持有A类和B类《外国人工作许可证》

（含试点版）的外国人，为财税〔2001〕39号文件第三条所规定的来华定居专家。为此国家税务总局公告2015年第4号第十七条规定的“国家外国专家局或者其授权单位核发的专家证”指：国家外国专家局或者其授权单位，在2017年3月31日之前，核发的专家证，或者在青岛等试点地区核发的相关证件；在2017年4月1日之后，国家外国专家局或者其授权单位核发的A类和B类《外国人工作许可证》（含试点版）。

政策链接

国家税务总局关于长期来华定居专家免征车辆购置税有关问题的公告

国家税务总局公告2018年第2号

《财政部　国家税务总局关于防汛专用等车辆免征车辆购置税的通知》（财税〔2001〕39号）规定，长期来华定居专家进口1辆自用小汽车免征车辆购置税。《国家税务总局关于车辆购置税征收管理有关问题的公告》（国家税务总局公告2015年第4号）进一步明确，长期来华定居专家办理进口自用小汽车免税手续，除了按《车辆购置税征收管理办法》（国家税务总局令第33号公布，第38号修改）规定提供申报资料外，还应当提供国家外国专家局或者其授权单位核发的专家证。

国家外国专家局、人力资源社会保障部、外交部、公安部联合印发的《关于全面实施外国人来华工作许可制度的通知》（外专发〔2017〕40号），决定自2017年4月1日起，在全国实施外国人来华工作许可制度，并将原《外国人就业证》和《外国专家证》统一变更为《中华人民共和国外国人工作许可证》（以下简称《外国人工作许可证》）。《外国人工作许可证》分为A、B、C三类，A类发予外国高端人才，B类发予外国专业人才，C类发予其他普通外国人员。依据此项规定，持有A类和B类《外国人工作许可证》（含试点版）的外国人，为财税〔2001〕39号文件第三条所规定的来华定居专家。因此，国家税务总局公告2015年第4号第十七条规定的“国家外国专家局或者其授权单位核发的专家证”指：国家外国专家局或者其授权单位，在2017年3月31日以前，核发的专家证，或者在青岛等试点地区核发的相关证件；在2017年4月1日以后，国家外国专家局或者其授权单位核发的A类和B类《外国人工作许可证》。

特此公告。

国家税务总局

2018年1月2日

关于《国家税务总局关于发布〈资源税征收管理规程〉的公告》的解读

Interpretations of SAT Public Notice on Resource Tax Collection and Administration Measures

近日，国家税务总局发布《资源税征收管理规程》的公告（国家税务总局公告2018年第13号，以下简称《公告》），现解读如下：

一、《公告》起草背景和目的

资源税从价计征改革实施以来，税务总局先后下发了煤炭资源税管理办法、落实资源税优惠政策公告等若干征管文件。从各地改革实施情况看，税收征管运行平稳，征纳秩序良好，较好地实现了改革的预期目标。但也有部分税务机关和纳税人反映实际工作中存在一些亟待规范和明确的征管问题。为进一步规范资源税征收管理，优化纳税服务，防范涉税风险，国家税务总局研究制定了《资源税征收管理规程》（以下简称《规程》）。

《规程》主要遵循了以下原则：

一是巩固资源税从价计征改革的成果。通过梳理资源税从价计征改革以来的相关征管文件，归纳各地好的征管经验，将其中较为成熟、在实践中已证明行之有效的做法提炼进入《规程》，以进一步巩固改革成果，放大改革实施的效应。

二是深入落实国务院深化“放管服”改革要求，优化纳税服务。将规范资源税税源管理、改进资源税优惠备案方式、适当简并资源税征期、加强资源税源泉控管等明确写入《规程》，以进一步优化纳税服务，减轻纳税人的办税负担。

三是增强底线意识，防范资源税纳税和征税风险。资源税从价计征改革全面推开后，对资源税风险管理提出了新要求。为此，《规程》在总结各地经验的基础上，明确提出了通过申报审核、部门协作等途径防范和化解资源税风险的要求，共同防范涉税风险。

二、《规程》的主要内容

《规程》分为26条，明确了视同销售的范围、运费扣减的条件、代扣代缴的原则、应税产品计税价格确定方法以及规范申报、部门协作、信息共享、风险管理等事项，主要内容如下：

（一）明确了自采自用原矿或精矿计税价格的确定方法

在实际征管工作中，对纳税人开采原矿并自用于加工（或冶炼）非应税产品的，其自用原矿或精矿的计税价格难以确认。为解决上述问题，除可依据《中华人民共和国资源税暂行条例实施细则》第七条规定外，《规程》新增了按价值构成进行价格确认的方法，即按后续加工非应税产品销售价格，减去后续加工环节成本利润后确定。这种方法在一些地区已被实践证明行之有效，各地认为有必要纳入《规程》中。同时《规程》新增了“按其他合理方法确定”的兜底条款。

（二）明确了运杂费和外购矿的扣减范围及凭据

资源税实行从价计征改革后，资源税的征税对象为原矿和精矿，计税依据调整为精矿或原矿等产品的销售收入。在通常情况下，销售收入与运杂费、自采矿与外购矿是分别核算的，但实际情况比较复杂，结算方式多种多样，有的纳税人销售收入包含运杂费，有的纳税人将外购矿与自采矿进行混合后销售。为公平税负，避免重复征税，使资源税计税依据回归到资源本身的价值上来，《规程》规定对包含在销售收入中的运杂费用或外购矿购进金额进行扣减。

《规程》第七条明确计征资源税时扣减运杂费用的条件。同时强调，如扣减的运杂费用明显偏高且无正当理由，主管税务机关可以合理调整计税价格。

《规程》第九条明确了对自采矿与外购矿进行混售、混洗（加工）的计税方法。《规程》第十条列明扣减的凭据包括外购已税产品的增值税发票、海关进口增值税专用缴款书或者其他合法有效凭据。

（三）规范了资源税减免政策落实方式

从2010年6月到2016年7月，原油、煤炭、稀土、铁矿等应税产品先后实行资源税从价计征改革。由于每次改革针对的矿产资源品目情况不同，设计的减免政策及落实方式也不尽相同，为方便纳税人查阅和基层执行，《规程》明确规定油气田企业直接以其填报的纳税申报表及附表作为资源税减免备案资料即可；其他纳税人按照规定进行资源税减免资料的备案。

为落实国务院深化“放管服”改革精神要求，《规程》明确规定，在2018年10月底前将资源税优惠资料由报送税务机关改为纳税人留存备查，以进一步减轻纳税人报送资料的负担。

（四）规范了资源税代扣代缴

全面推开营改增后，增值税发票链条已在矿业采选和流通环节全面建立，为利用增值税发票控管资源税零散税源创造了有利条件。通过山西、重庆、山东一些市县利用增值税发票控管资源税零散税源的试点经验看，资源税可以做到在开采地源泉控管，纳税人自行申报缴纳资源税比例不断提高。为此，《规程》明确规定，“对已纳入开采地正常税务管理或者在销售矿产品时开具增值税发票的纳税人，不再采用代扣代缴的征管方式。”同时，为了规范代扣代缴，《规程》还明确规定“资源税代扣代缴的适用范围应限定在除原油、天然气、煤炭以外的，税源小、零散、不定期开采等难以在采矿地申报缴纳资源税的矿产品”。

（五）完善了部门协作和风险防控措施

矿业管理部门、行业协会拥有大量的涉税信息，例如采矿权出让转让信息、矿产品产销量和矿价信息等，这些第三方信息有利于资源税源头控管和风险防控，因此《规程》强调税务机关要主动与矿业管理部门、行业协会等有关部门沟通协作，实现信息共享，加强资源税事前事中事后管理。

政策链接

国家税务总局关于发布《资源税征收管理规程》的公告

国家税务总局公告 2018 年第 13 号

为进一步规范资源税征收管理，优化纳税服务，防范涉税风险，国家税务总局研究制定了《资源税征收管理规程》，现予发布，自 2018 年 7 月 1 日起施行。

特此公告。

国家税务总局

2018 年 3 月 30 日

资源税征收管理规程

第一章　总　　则

第一条　为规范资源税征收管理，根据《中华人民共和国税收征收管理法》及其实施细则、《中华人民共和国资源税暂行条例》及其实施细则和《财政部　国家税务总局关于全面推进资源税改革的通知》（财税〔2016〕53号）规定，制定本规程。

第二条　纳税人开采或者生产资源税应税产品，应当依法向开采地或者生产地主管税务机关申报缴纳资源税。

第三条　资源税应纳税额按照应税产品的计税销售额或者销售数量乘以适用税率计算。

计税销售额是指纳税人销售应税产品向购买方收取的全部价款和价外费用，不包括增值税销项税额。

计税销售数量是指从量计征的应税产品销售数量。

原矿和精矿的销售额或者销售量应当分别核算，未分别核算的，从高确定计税销售额或者销售数量。

纳税人开采或者生产不同税目应税产品的，应当分别核算不同税目应税产品的销售额或者销售数量；未分别核算或者不能准确提供不同税目应税产品的销售额或者销售数量的，从高适用税率。

第二章　税源管理

第四条　计税销售额或者销售数量，包括应税产品实际销售和视同销售两部分。视同销售包括以下情形：

（一）纳税人以自采原矿直接加工为非应税产品的，视同原矿销售；

（二）纳税人以自采原矿洗选（加工）后的精矿连续生产非应税产品的，视同精矿销售；

（三）以应税产品投资、分配、抵债、赠与、以物易物等，视同应税产品销售。

第五条　纳税人有视同销售应税产品行为而无销售价格的，或者申报的应税产品销售价格明显偏低且无正当理由的，税务机关应按下列顺序确定其应税产品计税价格：

（一）按纳税人最近时期同类产品的平均销售价格确定。

（二）按其他纳税人最近时期同类产品的平均销售价格确定。

（三）按应税产品组成计税价格确定。

组成计税价格＝成本×（1+成本利润率）÷（1−资源税税率）

（四）按后续加工非应税产品销售价格，减去后续加工环节的成本利润后确定。

（五）按其他合理方法确定。

第六条　纳税人与其关联企业之间的业务往来，应当按照独立企业之间的业务往来收取或者支付价款、费用。不按照独立企业之间的业务往来收取或者支付价款、费用，而减少其计税销售额的，税务机关可以按照《中华人民共和国税收征收管理法》及其实施细则的有关规定进行合理调整。

第七条　对同时符合以下条件的运杂费用，纳税人在计算应税产品计税销售额时，可予以扣减：

（一）包含在应税产品销售收入中；

（二）属于纳税人销售应税产品环节发生的运杂费用，具体是指运送应税产品从坑口或者洗选（加工）地到车站、码头或者购买方指定地点的运杂费用；

（三）取得相关运杂费用发票或者其他合法有效凭据；

（四）将运杂费用与计税销售额分别进行核算。

纳税人扣减的运杂费用明显偏高导致应税产品价格偏低且无正当理由的，主管税务机关可以合理调整计税价格。

第八条　为公平原矿与精矿之间的税负，对同一种应税产品，征税对象为精矿的，纳税人销售原矿时，应将原矿销售额换算为精矿销售额缴纳资源税；征税对象为原矿的，纳税人销售自采原矿加工的精矿，应将精矿销售额折算为原矿销售额缴纳资源税。

第九条 纳税人以自采未税产品和外购已税产品混合销售或者混合加工为应税产品销售的，在计算应税产品计税销售额时，准予扣减已单独核算的已税产品购进金额；未单独核算的，一并计算缴纳资源税。已税产品购进金额当期不足扣减的可结转下期扣减。

外购原矿或者精矿形态的已税产品与本产品征税对象不同的，在计算应税产品计税销售额时，应对混合销售额或者外购已税产品的购进金额进行换算或者折算。

第十条 纳税人核算并扣减当期外购已税产品购进金额，应依据外购已税产品的增值税发票、海关进口增值税专用缴款书或者其他合法有效凭据。

第十一条 纳税人用于扣减运杂费用及外购已税产品购进金额的凭据，应按照《中华人民共和国税收征收管理法实施细则》第二十九条规定妥善保存。

第十二条 资源税在应税产品销售或者自用环节计算缴纳。纳税人以自采原矿加工精矿产品的，在原矿移送使用时不缴纳资源税，在精矿销售或者自用时缴纳资源税。

纳税人以自采原矿直接加工为非应税产品或者以自采原矿加工的精矿连续生产非应税产品的，在原矿或者精矿移送环节计算缴纳资源税。

以应税产品投资、分配、抵债、赠与、以物易物等，在应税产品所有权转移时计算缴纳资源税。

第三章 纳税申报及减免税管理

第十三条 各地税务机关要认真做好纳税辅导工作，指导纳税人规范填报《资源税纳税申报表》，优化纳税服务。

第十四条 各地税务机关要严格落实《资源税纳税申报表》（不含水资源税）的申报要求，不得要求纳税人额外增加报送资料。改进资源税优惠备案方式，2018年10月底前将资源税优惠资料由报送税务机关改为纳税人自行判别填报《资源税纳税申报表》附表（三），并将相关资料留存备查。

第十五条 各地税务机关应按照国务院深化“放管服”改革的总体要求和《中华人民共和国资源税暂行条例》规定，明确纳税人按月、按季、按日或者按次申报缴纳资源税，进一步优化纳税服务。

第十六条 各地税务机关要指导纳税人做好资源税减免税申报工作，落实减免税政策。

第十七条 资源税减免实行分类管理。

（一）符合《中华人民共和国资源税暂行条例》第七条第二项规定的减征或免征资源税情形的企业，可向主管税务机关提出，由省、自治区、直辖市人民政府决定，税务机关根据省、自治区、直辖市人民政府的决定，减征或免征资源税。

（二）油气田企业按规定的减征比例填报，以纳税申报表及附表作为资源税减免备案资料。

（三）其他应税产品开采或者生产企业，均通过备案形式向主管税务机关申报资源税减免。主管税务机关应建立完善后续管理制度，加强对资源税减免企业的跟踪管理。

第十八条 购买未税矿产品的单位，应当主动向主管税务机关办理扣缴税款登记，依法代扣代缴资源税。

资源税代扣代缴的适用范围应限定在除原油、天然气、煤炭以外的，税源小、零散、不定期开采等难以在采矿地申报缴纳资源税的矿产品。对已纳入开采地正常税务管理或者在销售矿产品时开具增值税发票的纳税人，不采用代扣代缴的征管方式。

第四章 部门协作与风险管理

第十九条 主管税务机关要加强资源税申报数据质量管理，定期评估纳税人申报数据质量，重点审核从量计征税目计税单位是否正确，从价计征税目申报单价是否合理，数据有无缺项等。

第二十条 主管税务机关可以通过矿产品增值税发票比对、外部信息采集和部门协作等方式，探索创新以票控税、信息管税、综合治税的新内容、新途径，强化资源税源泉控管。

第二十一条 主管税务机关可通过查询纳税人增值税发票存根联、记账联和发票领购簿等记载的信息与纳税人资源税申报信息进行关联比对，以识别纳税人在申报增值税的同时是否相应申报了资源税，或者其申报的计征资源税销售量、销售价格是否存在少报等风险问题，辅导纳税人不断提高纳税申报质量，防范或化解涉税风险。

第二十二条 各级税务机关要主动与矿业管理部门、行业协会等有关部门沟通协作，实现信息共享，加强资源税事前事中事后管理。

第二十三条 各省、自治区、直辖市税务机关应当依托信息化管理技术，参照全国性或主要矿产品价格指数即时信息，以及当地相关主管部门矿产品即时价格信息，建立本地矿产资源价格监控体系。

第五章 附 则

第二十四条 各省、自治区、直辖市和计划单列市税务局可以结合本地实际，根据本规程制定具体办法。

第二十五条 水资源税按照试点省份制定的办法征收管理。

第二十六条 本规程自2018年7月1日起施行。《国家税务总局关于发布〈煤炭资源税征收管理办法（试行）〉的公告》（国家税务总局公告2015年第51号）、《国家税务总局关于认定收购未税矿产品的个体户为资源税扣缴义务人的批复》（国税函〔2000〕733号）同时废止。

关于《国家税务总局关于发布〈环境保护税纳税申报表〉公告》的解读

Interpretations of SAT Public Notice on Environmental Protection Tax Return

根据《中华人民共和国环境保护税法》《中华人民共和国环境保护税法实施条例》及相关政策规定，国家税务总局制发了环境保护税纳税申报报表资料，现就有关内容解读如下：

一、申报表设计遵循的基本原则

（一）有利于税制平稳转换。环境保护税纳税申报表吸收和借鉴了原排污收费表单设计的经验，将原来排污费按照行业管理的报表模式优化为根据“水、气、声、渣”四类污染物类型设计的报表模式，不同行业、不同污染物排放量计算方法的纳税人均可方便地完成环境保护税的纳税申报，便于纳税人熟悉报表结构，实现税制平稳转换。

（二）有利于落实税收政策。环境保护税纳税申报表是税收政策落实的载体，申报表按照税法及实施条例和相关政策规定进行总体设计，将税收政策融于纳税人计算填报的全过程。特别是在落实税收减免政策上简化了程序，符合税法规定享受环境保护税减免税优惠的纳税人，可在纳税申报同时完成减免税申报，无需专门办理减免税备案手续。

（三）有利于减轻填报负担。纳税申报表设计体现了“放管服”改革精神，较原排污费的报表数量和字段大大减少，减轻了纳税人填报负担。在填报数据项上，纳税人一次性填写基础信息采集表后，若相关基础信息未发生变化，后续申报只需在申报表中填写少量动态数据；在申报方式上，通过优化网上申报功能，整合数据资源，纳税人可依托征管信息系统辅助生成申报主表和自动计算应纳税额。

（四）有利于加强部门协作。部门协作是环境保护税法不同于其他税种的鲜明特点。纳税申报表设计充分考虑部门协作的需要，报表结构和数据项确定，既遵照环境保护税法、环保法律法规和监测管理规范进行科学设计，又能满足信息共享、信息比对、复核等后续管理的需要，助力部门协作。

二、申报表构成及适用范围

环境保护税报表由两部分构成，分别是《环境保护税纳税申报表》和《环境保护税基础信息采集表》。《环境保护税纳税申报表》适用于纳税人按期申报及按次申报，《环境保护税基础信息采集表》用于一次性采集纳税人基础税源信息。

（一）环境保护税纳税申报表

《环境保护税纳税申报表》分为A类申报表与B类申报表。

1. A类申报表。采用主表加附表的结构，包括1张主表和5张附表，适用于通过自动监测、监测机构监测、排污系数和物料衡算法计算污染物排放量的纳税人。

主表是《环境保护税纳税申报表（A类）》，用于纳税人对按月计算的明细数据进行季度汇总申报。

附表用于纳税人分类按月计算应税污染物排放量。纳税人享受减免税优惠的需填报减免税明细计算报表。

附表1.1适用于对大气污染物按月明细计算排放量；

附表1.2适用于对水污染物按月明细计算排放量；

附表1.3适用于对固体废物按月明细计算排放量；

附表1.4适用于对工业噪声按月明细计算排放量；

附表1.5适用于享受减免税优惠纳税人的减免税明细计算申报。

2. B类申报表。《环境保护税纳税申报表（B类）》适用于除A类申报之外的其他纳税人，包括按次申报纳税人、适用环境保护税法所附《禽畜养殖业、小型企业和第三产业水污染物当量值》表的纳税人和采用抽样测算方法计算污染物排放量的纳税人。除按次申报外，纳税人应按月填写B类表，按季申报。

（二）环境保护税基础信息采集表

《环境保护税基础信息采集表》用于一次性采集纳税人环境保护税基础信息，包括1张主表和4张附表。

1. 主表是《环境保护税基础信息采集表》，用于采集纳税人基本信息、主要污染物类别以及应税污染物排放口等相关信息项。

2. 附表用于采集纳税人各类应税污染物的相关信息以及污染物排放量计算方法。

附表3.1用于采集应税大气、水污染物相关基础信息；

附表3.2用于采集应税固体废物相关基础信息；

附表3.3用于采集应税噪声相关基础信息；

附表3.4用于采集纳税人产排污系数等相关基础信息。

纳税人应根据实际排放污染物类别，向主管税务机关一次性报送应税污染物的基础信息采集表和相应附表。

纳税人基础信息发生变化的，应在基础信息发生变化当季的纳税申报期结束前，向主管税务机关申报办理变更手续。

过附表数据自动带入主表，既减少纳税人填报数据项，又降低纳税人填报失误率。

二是可有效简化报表内容，减轻纳税人填报负担。由于对不同应税污染物的申报数据项要求各不相同，申报数据归集在一张表上会导致报表结构内容过于复杂。采用主表加附表的设计结构，纳税人只需根据其排放的应税污染物，选择填报相应附表即可，既简化清晰报表内容，又减轻纳税人填报负担。

政策链接

国家税务总局关于发布《环境保护税纳税申报表》的公告

国家税务总局公告2018年第7号

为贯彻落实《中华人民共和国环境保护税法》及其实施条例，现将《环境保护税纳税申报表》予以发布，有关事项公告如下：

《环境保护税纳税申报表》分为A类申报表与B类申报表。A类申报表（附件1）包括1张主表和5张附表，适用于通过自动监测、监测机构监测、排污系数和物料衡算法计算污染物排放量的纳税人，享受减免税优惠的纳税人还需要填报减免税相关附表进行申报。B类申报表（附件2）适用于除A类申报之外的其他纳税人，包括按次申报的纳税人。

首次申报环境保护税的纳税人应同时填报《环境保护税基础信息采集表》（附件3），包括1张主表和4张附表，用于采集纳税人与环境保护税相关的基础信息。纳税人与环境保护税相关的基础信息发生变化的，应及时向主管税务机关办理变更手续。

本公告自发布之日起施行。

特此公告。

国家税务总局　国家海洋局

2018年1月27日

关于《国家税务总局关于税收协定中“受益所有人”有关问题的公告》的解读

Interpretations of SAT Public Notice on "Beneficial Ownership" in Tax Treaties

近日，国家税务总局发布《国家税务总局关于税收协定中“受益所有人”有关问题的公告》（国家税务总局公告2018年第9号，以下简称《公告》），现解读如下：

一、《公告》出台背景

为规范税收协定股息、利息、特许权使用费条款中“受益所有人”概念的应用，税务总局先后下发《国家税务总局关于如何理解和认定税收协定中“受益所有人”的通知》（国税函〔2009〕601号，以下简称“601号文件”）、《国家税务总局关于认定税收协定中“受益所有人”的公告》（国家税务总局公告2012年第30号，以下简称“30号公告”）等文件，明确“受益所有人”的条件和判定标准，在防范协定滥用中发挥了重要作用，但是也遇到了一些问题。

为加强税收协定执行工作，进一步完善“受益所有人”规则，税务总局发布了《国家税务总局关于税收协定中“受益所有人”有关问题的公告》。《公告》一方面旨在允许没有滥用协定目的和结果的案件得以享受税收协定待遇，并提高其享受税收协定待遇的确定性，减少征纳双方成本，进一步优化营商环境；另一方面借鉴“税基侵蚀与利润转移”（BEPS）第六项行动计划（防止税收协定待遇的不当授予）成果，提高“受益所有人”判定标准的刚性，对滥用协定风险较高的安排进行更加有效的防范。《公告》对601号文件和30号公告部分规定进行了修订，同时延续了601号文件和30号公告的部分规定。

二、《公告》主要内容

缔约对方居民需要享受税收协定待遇的，按照《国家税务总局关于发布〈非居民纳税人享受税收协定待遇管理办法〉的公告》（国家税务总局公告2015年第60号，以下简称“60号公告”）规定报送资料并接受税务机关后续管理，不再需要事前提交申请，但为便于表述和理解，《公告》仍将“需要享受税收协定待遇的缔约对方居民”简称为“申请人”。

（一）扩大30号公告规定的安全港范围

30号公告第三条规定满足一定条件时，不再依据“受益所有人”判断因素进行综合分析，直接认定申请人具有“受益所有人”身份，即对“受益所有人”身份的认定设置了安全港。通常认为，当申请人或者持有申请人100%股份的人是缔约对方政府、缔约对方居民且在缔约对方上市的公司或缔约对方居民个人时，与居民国（地区）有较强联系，一般也没有滥用协定的风险，因此公告第四条放宽了安全港要求的条件，扩大了安全港的范围。

对于符合安全港的情形，为便于理解，举例如下：

示例1投资架构（见附件，下同），香港居民A投资内地居民并取得股息时，其为香港政府或者在香港上市的公司或者香港居民个人，可直接判定香港居民A具有“受益所有人”身份。需要注意的是，根据内地与香港税收安排第十条（股息）规定，如果香港居民A是在香港上市的公司且持有申请人25%以上股份，可以享受5%的优惠税率待遇；如果香港居民A是香港居民个人，为内地与香港税收安排第十条（股息）规定的其他情况，可以享受10%的优惠税率待遇。

示例2投资架构，香港居民B投资内地居民并取得股息时，香港居民A通过香港居民C间接持有香港居民B100%股份，如果香港居民A为香港政府、香港居民且在香港上市的公司或香港居民个人，可直接判定香港居民B具有“受益所有人”身份。

示例3投资架构，香港居民D投资内地居民并取得股息，直接持有香港居民D100%股份的人为香港政府、香港居民且在香港上市的公司或香港居民个人，可直接判定香港居民D具有“受益所有人”身份。

（二）对于不符合“受益所有人”条件但符合一定条件的申请人给予享受税收协定待遇的机会

根据601号文件和30号公告规定，如果申请人不符合“受益所有人”条件，也不符合安全港的条件，其从中国取得的所得就不能享受税收协定待遇。

《公告》第三条规定，申请人取得的所得为股息时，申请人虽不符合“受益所有人”条件，但符合本条规定的，应认为申请人具有“受益所有人”身份。《公告》第三条第一款规定了两种情形。《公告》第三条第一款第（一）项规定的情形下，也即当符合“受益所有人”条件的人为申请人所属居民国（地区）居民时，对间接持有股份情形下的中间层无要求；《公告》第三条第一款第（二）项规定的情形下，也即当符合“受益所有人”条件的人不为申请人所属居民国（地区）居民时，该人和间接持有股份情形下的中间层应为符合条件的人。

与《公告》第四条规定的安全港规则不同的是，此条规定的情形不能直接判定申请人为“受益所有人”，应根据公告第二条所列因素对直接或间接持有申请人100%股份的人是否具有“受益所有人”身份进行综合分析。

对于符合此条规定的情形，为便于理解，举例如下：

示例4投资架构，为本条第一款第（一）项规定的情形，香港居民E投资内地居民并取得股息，香港居民F直接持有香港居民E100%的股份，虽然香港居民E不符合“受益所有人”条件，但是，如果香港居民F符合“受益所有人”条件，应认为香港居民E具有“受益所有人”身份；

示例5投资架构，为本条第一款第（一）项规定的情形，香港居民E投资内地居民并取得股息，香港居民F通过在BVI注册成立的公司（不论该公司是否为香港居民）间接持有香港居民E100%的股份，虽然香港居民E不符合“受益所有人”条件，但是，如果香港居民F符合“受益所有人”条件，应认为香港居民E具有“受益所有人”身份；

示例6投资架构，为本条第一款第（二）项规定的情形，香港居民G投资内地居民并取得股息，新加坡居民I通过新加坡居民H间接持有香港居民G100%的股份，虽然香港居民G不符合“受益所有人”条件，但是，如果新加坡居民I符合“受益所有人”条件，并且新加坡居民I和新加坡居民H从中国取得的所得为股息时，根据中国与新加坡签署的税收协定可享受的税收协定待遇均和香港居民G可享受的税收协定待遇相同，应认为香港居民G具有“受益所有人”身份，香港居民G可根据内地与香港签署的税收安排享受税收协定待遇。

（三）对《公告》第三条、第四条中的持股比例规定时间标准

为防止人为筹划取得股息的时点达到《公告》第三条、第四条要求的持股比例，《公告》第五条明确《公告》第三条、第四条要求的持股比例应当在取得股息前连续12个月以内任何时候

均达到规定比例。

（四）修改601号文件规定的“受益所有人”身份判定的不利因素

601号文件第二条列举了“受益所有人”身份判定的七项不利因素，《公告》对其中两项做了修改，并删除了两项因素：

1. 修改601号文件第二条第一项不利因素

《公告》第二条将601号文件第二条第一项不利因素修改为：“申请人有义务在收到所得的12个月内将所得的50%以上支付给第三国（地区）居民，“有义务”包括约定义务和虽未约定义务但已形成支付事实的情形。”

实践中有的案例，从表面上看，申请人从中国收到股息所得后，每年向母公司分配的股息均未超过当年从中国收到股息所得的50%，且分配时未发生现金流，而是被母公司用来偿还向申请人的关联贷款。经进一步查看申请人银行对账单、银行支付流水、财务报表等信息，发现其在从中国收到每笔股息所得的一个月内即通过关联贷款的名义将该笔所得的80%以上支付给母公司，形成了该条所述“在收到所得的12个月内将所得的50%以上支付给第三国（地区）居民”的支付事实。对关联贷款协议等资料详细查看，发现该协议仅约定一个贷款额度，并约定在申请人现金流允许并经申请人同意的情况下，随时向母公司发放贷款；未约定还款期限，母公司可在任意时间偿还全部或部分贷款；贷款利率仅0.5%，低于申请人所在国的银行同期贷款利率，上述事实对判定其“受益所有人”身份非常不利。

在另一个案例中，申请人取得的每笔股息所得均转增已投资项目的资本，或者用于投资在中国境内的新项目，不属于“在收到所得的12个月内将所得的50%以上支付给第三国（地区）居民”的情形。

2. 修改601号文件第二条第二项不利因素，并删除601号文件第二条第三、四项不利因素

《公告》第二条将601号文件第二条第二项不利因素修改为：

“申请人从事的经营活动不构成实质性经营活动。实质性经营活动包括具有实质性的制造、经销、管理等活动。申请人从事的经营活动是否具有实质性应根据其实际履行的功能及承担的风险进行判定。

申请人从事的具有实质性的投资控股管理活动，可以构成实质性经营活动；申请人从事不构成实质性经营活动的投资控股管理活动，同时从事其他经营活动的，如果其他经营活动不够显著，不构成实质性经营活动。”

分析申请人是否从事实质性经营活动时，通常还应当关注：申请人是否拥有与其履行的功能相匹配的资产和人员配置；对于所得或所得据以产生的财产或权利，申请人是否承担相应风险，等等。由于601号文件第二条第三、四项不利因素需要分析的内容与此类似，故予以删除。

为便于理解本条规定，以下所举案例的前提均为：按照中国与A国、B国的税收协定，A国居民可享受的股息优惠税率为10%，B国居民可享受的股息优惠税率为5%。

（1）如何判断投资控股管理活动是否构成实质性经营活动

《公告》明确：“申请人从事的具有实质性的投资控股管理活动，可以构成实质性经营活动。”投资控股管理活动作为管理活动的一种，可以构成实质性经营活动，但需要符合一定条件，即实际履行的功能及承担的风险足以证实其活动具有实质性。一般而言，申请人需要从事投资前期研究、评估分析、投资决策、投资实施以及投资后续管理等活动。

以下案例中B国公司声称的投资控股管理活动不具有实质性：A国公司通过设立在B国的子公司投资中国，B国公司拟就其从中国取得的股息所得享受税收协定待遇。B国公司声称其从事投资控股管理活动并有5名雇员，但经核实，B国公司并未开展行业研究、市场分析等，未履行投资控股管

理等功能，其声称的5名雇员实际与A国公司签订合同并履行A国公司的职能；其收到的股息暂无投资计划，在账户中闲置；中国公司的外方董事不是由其直接股东B国公司派出而是由A国公司直接派出；中国公司的章程称该公司的招聘、培训、融资、财务等责任由B国公司承担，但B国公司并无承担上述责任的人员，经核实上述责任实际为A国公司在北京的办事处承担；B国公司对中国公司和从中国公司取得的股息不承担相应风险。该案例中B国公司虽声称从事投资控股管理活动，但实际履行的功能及承担的风险有限，不足以证实其活动具有实质性。

以下案例中B国公司承担的区域总部功能具有一定实质性：A国公司在B国设立公司作为亚洲区域总部，B国公司除投资中国外，还投资日本、韩国、新加坡、越南等十余个国家近50家公司。虽然中国境内的市场调研、行业研究等部分功能由设在中国的投资公司承担，但评估分析、投资决策以及亚洲区域内各公司之间的资金统筹调配等功能由B国公司承担，应认为B国公司承担的区域总部功能具有一定实质性。如果相关功能表面上由B国公司承担，但B国公司仅有8名员工，不足以承担相关功能，实际由A国公司承担或A国公司团队提供支撑，应认为B国公司从事的活动不具有实质性。

以下案例中B国公司承担的融资功能具有一定实质性：A国公司计划投资中国，但自有资金仅有所需资金的70%，故选择在金融业较为发达、资本较为充足、融资较为便利的B国设立公司作为融资平台，从符合《公告》第四条所列安全港条件的B国的非关联公司募集完成所需资金的30%后，由B国公司投资中国并取得股息。该案例中B国公司作为融资平台，履行了一定功能，承担了一定风险，并且所需资金的30%从B国融入，与B国有一定联系，应认为B国公司承担的融资功能具有一定实质性。

（2）如何判断其他经营活动是否构成实质性经营活动

《公告》明确：“申请人从事不构成实质性经营活动的投资控股管理活动，同时从事其他经营活动的，如果其他经营活动不够显著，不构成实质性经营活动。”

以下案例中的其他经营活动不够显著，不构成实质性经营活动：A国公司自20世纪90年代以来陆续在中国直接投资设立十余家子公司并直接取得股息。2007年，A国公司在B国设立子公司，并进行集团内重组，由B国公司控股内地各子公司并取得股息。B国公司从事的投资控股管理活动不构成实质性经营活动，同时向集团内其他公司提供采购服务并收取服务费，或者从集团外其他公司采购然后销售给集团内公司并赚取进销差价。但是，经核实，相关采购活动之前由A国公司设立在中国某省的子公司从事，2010年集团将相关采购活动调整为由B国公司从事，B国公司无法证明做此调整的商业必要性，并且B国公司从事的采购等其他经营活动取得的所得占其全部所得（含从中国境内取得的全部所得）的比例仅为8%。上述案例可以认为申请人从事的其他经营活动不够显著，不构成实质性经营活动。

3. 综合分析后可以认为申请人具有“受益所有人”身份的案例

A国公司想要在亚洲进行业务扩张，考虑B国法律制度、地域、语言、税制等方面的优势，在B国设立区域性投资控股公司。B国公司有超过50个员工，公司的主要功能是选择和收购IT领域的企业，行业研究、区域市场调研、投资项目评估、投资风险分析、被投资对象的选择、投资决策及投资后续管理等职能均由B国公司自己的团队而非A国公司履行。B国公司对收购的子公司行使积极的管理职能，不向A国公司分配利润，而是选择将利润再投资于收购活动以及对已收购公司的业务扩展。B国公司投资控股的子公司有60%在中国，40%在中国周边国家。经对该案例综合分析后，倾向于认为B国公司具有“受益所有人”

身份。

（五）明确不属于“代为收取所得”的情形

30号公告第四条规定：“代理人代为收取所得的，无论代理人是否属于缔约对方居民，都不应据此影响对申请人受益所有人身份的认定。”实践中有一些案例，申请人为股东基于持有股份从子公司取得股息，或者为债权人基于持有债权从债务人取得利息，或者为特许权授予人基于授予特许权从特许权使用人取得特许权使用费，但自称代其他人收取所得，公告第六条明确以上情形不属于“代为收取所得”。

30号公告第四条规定：“代理人应向税务机关声明其本身不具有受益所有人身份。”由于60号公告已要求申请人填报“是否通过代理人取得该项所得”以及代理的相关信息，为避免重复报送，公告取消报送该声明。

（六）明确应当提供证明“受益所有人”身份的资料

《公告》第八条明确证明“受益所有人”身份的资料属于60号公告第七条第五项规定的其他税收规范性文件规定的证明资料，相关证明资料应按照60号公告第七条的规定报送。

60号公告第七条要求的税收居民身份证明为税务主管当局在纳税申报或扣缴申报前一个公历年度开始以后出具的税收居民身份证明。现实中有案例发现，纳税人提供的税收居民身份证明开具的时间虽然符合规定，但证明的是以前年度的税收居民身份；还有一些案例，纳税人以前年度未享受税收协定待遇，现补充享受税收协定待遇并申请退税，提供的税收居民身份证明仅能证明补充享受税收协定待遇所在年度的税收居民身份。为明确上述问题，在60号公告要求开具时间的基础上，《公告》第八条对税收居民身份证明增加新的要求，即要求税收居民身份证明应能证明取得所得的当年度或上一年度的税收居民身份。

如果申请人根据《公告》第三条、第四条规定具有“受益所有人”身份，因需要根据直接或间接持有申请人100%股份的人和中间层的税收居民身份证明来判断其是否为申请人所属居民国（地区）居民或者为符合条件的人，因此《公告》第八条规定应当提供税收居民身份证明的情形。

（七）明确需报省税务机关的案件

《公告》第九条明确，在主管税务机关后续管理中，申请人发现其不具有“受益所有人”身份而自行补缴税款的，主管税务机关应将相关案件层报省税务机关备案；主管税务机关认为应该否定申请人的“受益所有人”身份的，应报经省税务机关同意后执行。

（八）明确适用一般反避税相关规定的情形

《公告》第十条明确，申请人虽具有“受益所有人”身份，但主管税务机关发现需要适用税收协定主要目的测试条款或国内税收法律规定的一般反避税规则的，适用一般反避税相关规定。

三、《公告》施行日期及废止文件

《公告》适用于2018年4月1日及以后发生纳税义务或扣缴义务需要享受税收协定待遇的事项。《公告》全面完善了“受益所有人”规则，为便于纳税人和税务机关理解和执行，将601号文件、30号公告和此次修改内容整合成为一个公告，同时全文废止601号文件和30号公告。《公告》施行后，《国家税务总局关于委托投资情况下认定受益所有人问题的公告》（国家税务总局公告2014年第24号）中有关601号文件和30号公告的规定按照本公告执行。

政策链接

国家税务总局关于税收协定中“受益所有人”有关问题的公告

国家税务总局公告2018年第9号

为执行中华人民共和国政府对外签署的避免双重征税协定（简称“税收协定”），现就税收协定股息、利息、特许权使用费条款中“受益所有人”身份判定有关问题公告如下：

一、“受益所有人”是指对所得或所得据以产生的权利或财产具有所有权和支配权的人。

二、判定需要享受税收协定待遇的缔约对方居民（以下简称“申请人”）“受益所有人”身份时，应根据本条所列因素，结合具体案例的实际情况进行综合分析。一般来说，下列因素不利于对申请人“受益所有人”身份的判定：

（一）申请人有义务在收到所得的12个月内将所得的50%以上支付给第三国（地区）居民，“有义务”包括约定义务和虽未约定义务但已形成支付事实的情形。

（二）申请人从事的经营活动不构成实质性经营活动。实质性经营活动包括具有实质性的制造、经销、管理等活动。申请人从事的经营活动是否具有实质性，应根据其实际履行的功能及承担的风险进行判定。

申请人从事的具有实质性的投资控股管理活动，可以构成实质性经营活动；申请人从事不构成实质性经营活动的投资控股管理活动，同时从事其他经营活动的，如果其他经营活动不够显著，不构成实质性经营活动。

（三）缔约对方国家（地区）对有关所得不征税或免税，或征税但实际税率极低。

（四）在利息据以产生和支付的贷款合同之外，存在债权人与第三人之间在数额、利率和签订时间等方面相近的其他贷款或存款合同。

（五）在特许权使用费据以产生和支付的版权、专利、技术等使用权转让合同之外，存在申请人与第三人之间在有关版权、专利、技术等的使用权或所有权方面的转让合同。

三、申请人从中国取得的所得为股息时，申请人虽不符合“受益所有人”条件，但直接或间接持有申请人100%股份的人符合“受益所有人”条件，并且属于以下两种情形之一的，应认为申请人具有“受益所有人”身份：

（一）上述符合“受益所有人”条件的人为申请人所属居民国（地区）居民；

（二）上述符合“受益所有人”条件的人虽不为申请人所属居民国（地区）居民，但该人和间接持有股份情形下的中间层均为符合条件的人。

“符合‘受益所有人’条件”是指根据本公告第二条的规定，综合分析后可以判定具有“受益所有人”身份。

“符合条件的人”是指该人从中国取得的所得为股息时根据中国与其所属居民国（地区）签署的税收协定可享受的税收协定待遇和申请人可享受的税收协定待遇相同或更为优惠。

四、下列申请人从中国取得的所得为股息时，可不根据本公告第二条规定的因素进行综合分析，直接判定申请人具有“受益所有人”身份：

（一）缔约对方政府；

（二）缔约对方居民且在缔约对方上市的公司；

（三）缔约对方居民个人；

（四）申请人被第（一）至（三）项中的一人或多人直接或间接持有100%股份，且间接持有股份情形下的中间层为中国居民或缔约对方居民。

五、本公告第三条、第四条要求的持股比例应当在取得股息前连续12个月以内任何时候均达到规定比例。

六、代理人或指定收款人等（以下统称“代理人”）不属于“受益所有人”。申请人通过代理人代为收取所得的，无论代理人是否属于缔约对方居民，都不应据此影响对申请人“受益所有人”身份的判定。

股东基于持有股份取得股息，债权人基于持有债权取得利息，特许权授予人基于授予特许权取得特许权使用费，不属于本条所称的“代为收取所得”。

七、根据本公告第二条规定的各项因素判定“受益所有人”身份时，可区分不同所得类型通过公司章程、公司财务报表、资金流向记录、董事会会议记录、董事会决议、人力和物力配备情况、相关费用支出、职能和风险承担情况、贷款合同、特许权使用合同或转让合同、专利注册证书、版权所属证明等资料进行综合分析；判断是否为本公告第六条规定的“代理人代为收取所得”情形时，应根据代理合同或指定收款合同等资料进行分析。

八、申请人需要证明具有“受益所有人”身份的，应将相关证明资料按照《国家税务总局关于发布〈非居民纳税人享受税收协定待遇管理办法〉的公告》（国家税务总局公告2015年第60号）第七条的规定报送。其中，申请人根据本公告第三条规定具有“受益所有人”身份的，除提供申请人的税收居民身份证明外，还应提供符合“受益所有人”条件的人和符合条件的人所属居民国（地区）税务主管当局为该人开具的税收居民身份证明；申请人根据本公告第四条第（四）项规定具有“受益所有人”身份的，除提供申请人的税收居民身份证明外，还应提供直接或间接持有申请人100%股份的人和中间层所属居民国（地区）税务主管当局为该人和中间层开具的税收居民身份证明；税收居民身份证明均应证明取得所得的当年度或上一年度的税收居民身份。

九、在主管税务机关后续管理中，申请人因不具有“受益所有人”身份而自行补缴税款的，主管税务机关应将相关案件层报省税务机关备案；主管税务机关认为应该否定申请人“受益所有人”身份的，应报经省税务机关同意后执行。

十、申请人虽具有“受益所有人”身份，但主管税务机关发现需要适用税收协定主要目的测试条款或国内税收法律规定的一般反避税规则的，适用一般反避税相关规定。

十一、《内地和香港特别行政区关于对所得避免双重征税和防止偷漏税的安排》和《内地和澳门特别行政区关于对所得避免双重征税和防止偷漏税的安排》股息、利息、特许权使用费条款中“受益所有人”身份判定按照本公告执行。

香港居民提供税收居民身份证明按照《国家税务总局关于在内地使用香港居民身份证明有关问题的公告》（国家税务总局公告2016年第35号）的规定执行。

十二、本公告适用于2018年4月1日及以后发生纳税义务或扣缴义务需要享受税收协定待遇的事项。《国家税务总局关于如何理解和认定税收协定中“受益所有人”的通知》（国税函〔2009〕601号）、《国家税务总局关于认定税收协定中“受益所有人”的公告》（国家税务总局公告2012年第30号）同时废止。

特此公告。

国家税务总局

2018年2月3日

关于《国家税务总局关于税收协定执行若干问题的公告》的解读

Interpretations of SAT Public Notice on Tax Treaty Application

近日，国家税务总局发布《国家税务总局关于税收协定执行若干问题的公告》（国家税务总局公告2018年第11号，以下简称《公告》）。本《公告》对税收协定中常设机构、海运和空运、演艺人员和运动员条款，以及合伙企业适用税收协定等有关事项作出进一步明确，主要内容如下：

一、常设机构条款有关问题

（一）明确中外合作办学有关机构、场所构成常设机构

《公告》明确，不具有法人资格的中外合作办学机构，以及中外合作办学项目中开展教育教学活动的场所构成税收协定缔约对方居民在中国的常设机构。

（二）明确“六个月”和“183天”作相同理解

《公告》明确，常设机构条款中关于劳务活动构成常设机构的表述为“在任何十二个月中连续或累计超过六个月”的，按照“在任何十二个月中连续或累计超过183天”的表述执行。

二、海运和空运条款有关问题

（一）明确湿租、程租、期租属于国际运输业务

从事国际运输业务的企业经常会以程租、期租形式租赁船舶或以湿租形式租赁飞机，以节约资金、缓解运力不足。《公告》参考了2014版经济合作与发展组织（OECD）范本和2011版联合国（UN）范本注释以及国际通行做法，明确通过这类租赁形式取得的收入也属于国际运输收入；同时根据行业惯例，对国际运输中的程租、期租、湿租、光租、干租的表述加以区分。

（二）明确光租和干租适用海运和空运条款相关问题

《公告》明确，企业从事以光租形式出租船舶或以干租形式出租飞机，以及使用、保存或出租用于运输货物或商品的集装箱（包括拖车和运输集装箱的有关设备）等租赁业务取得的收入不属于国际运输收入，但根据中新税收协定第八条第四款，附属于国际运输业务的上述租赁业务收入应视同国际运输收入处理。

同时，《公告》参考了2014版OECD范本注释，规定海运和空运条款中没有中新税收协定第八条第四款规定的，有关税收协定缔约对方居民从事附属于国际运输业务的上述租赁业务取得的收入的处理，参照上述规定执行。

（三）明确“附属”业务的判断标准

《公告》参考了2014版OECD范本注释，规范了“附属”业务的判断标准，明确企业从事的附属业务应是其在经营国际运输业务时，从事的对主营业务贡献较小但与主营业务联系非常紧密、不能作为一项单独业务或所得来源的活动。

三、演艺人员和运动员条款有关问题

（一）明确演艺人员和运动员条款适用的活动范围

《公告》明确，演艺人员活动包括演艺人

员从事的舞台、影视、音乐等各种艺术形式的活动，以及以演艺人员身份开展的其他个人活动，比如演艺人员开展的电影宣传活动，演艺人员或运动员参加广告拍摄、企业年会、企业剪彩等活动；会议发言一般不属于演艺人员活动，比如，外国前政要应邀来华参加学术会议并发言不属于演艺人员活动，但如果其在商业活动中进行具有演出性质的演讲，应不属于会议发言，而是属于演艺人员活动。另外，公告明确演艺人员和运动员条款适用于电子竞技活动。

（二）明确演艺人员和运动员条款的具体适用规则

《公告》明确了演艺人员或运动员直接或间接取得所得，以及在演出活动产生的所得由其他人收取的情况下，演艺人员和运动员条款的具体适用规则。为方便理解，举例如下：

例1：交响乐团的成员不是按每次演出直接取得所得，而是以工资的形式取得所得。依据中新税收协定第十七条第一款规定，演出活动发生的缔约国一方对乐团成员工资中与该次演出活动对应的部分有征税权。对于由交响乐团收取但未支付给乐团成员的部分演出报酬，依据中新税收协定第十七条第二款规定，演出活动发生的缔约国一方可以对交响乐团从演出活动取得的利润征税，不论其是否构成常设机构。

例2：在演艺人员或运动员受雇于缔约国一方“一人公司”的情况下，如果演出活动发生的缔约国另一方国内法将该“一人公司”视为本国的非居民企业纳税人，则处理方式与上述交响乐团的情形一致，分别对个人和公司就其取得的演出报酬的部分征税。如果缔约国另一方国内法将该“一人公司”视为税收透明体，即将其收取的演出报酬视为全部由演艺人员或运动员直接取得，则依据中新税收协定第十七条第一款规定，该国可以对演艺人员或运动员就演出活动产生的全部所得征税，不考虑报酬是否确实支付给上述个人。

例3：在一些避税安排中，演出报酬未支付给演艺人员或运动员，而是由其他人（包括个人、公司和其他团体）收取。在这种情况下，如果依据演出活动发生的缔约国一方国内法的反避税规则，可以将由其他人收取的所得视为由演艺人员或运动员取得，则依据中新税收协定第十七条第一款规定，该国可以根据其国内法，对演艺人员或运动员就该笔所得征税。如果该国国内法没有上述反避税规则，则依据中新税收协定第十七条第二款规定，该国可以根据其国内法，向收取所得的其他人征税。如果所得由公司或其他团体收取，该国征税不受中新税收协定第七条（营业利润）规定的限制，如果所得由个人收取，该国征税不受中新税收协定第十四条（独立个人劳务）和第十五条（非独立个人劳务）规定的限制。

四、明确合伙企业适用税收协定的问题

（一）针对合伙企业设在中国境内的情形

我国《合伙企业法》第二条规定，“本法所称合伙企业，是指自然人、法人和其他组织依照本法在中国境内设立的普通合伙企业和有限合伙企业。”第六条规定，“合伙企业的生产经营所得和其他所得，按照国家有关税收规定，由合伙人分别缴纳所得税。”因此，依照该法在中国境内成立的合伙企业，其合伙人是中国所得税的纳税人。税收协定第一条（人的范围）一般规定，本协定适用于缔约国一方或者同时为双方居民的人，因此，如果合伙人为税收协定缔约对方居民，则该合伙人属于税收协定适用的范围，该合伙人在中国负有纳税义务的所得被缔约对方视为其居民取得的部分，可以享受协定待遇。

（二）针对合伙企业设在中国境外的情形

对于依照外国（地区）法律成立的合伙企业的税务处理，我国《合伙企业法》没有规定。我国《企业所得税法》第一条规定，“在中华人民共和国境内，企业和其他取得收入的组织（以下统称企业）为企业所得税的纳税人，依照本法的规定缴纳企业所得税。个人独资企业、合伙企业

不适用本法。”《企业所得税法实施条例》第二条规定，“企业所得税法第一条所称个人独资企业、合伙企业，是指依照中国法律、行政法规成立的个人独资企业、合伙企业。”因此，依照外国（地区）法律成立的合伙企业不属于《企业所得税法》第一条规定的排除范围，应适用《企业所得税法》的规定。

我国《企业所得税法》第二条规定，“本法所称非居民企业，是指依照外国（地区）法律成立且实际管理机构不在中国境内，但在中国境内设立机构、场所的，或者在中国境内未设立机构、场所，但有来源于中国境内所得的企业。”因此，依照外国（地区）法律成立且实际管理机构不在中国境内，但在中国境内设立机构、场所的，或者在中国境内未设立机构、场所，但有来源于中国境内所得的合伙企业，是我国企业所得税的非居民企业纳税人。在适用税收协定时，除非协定另有规定，否则，只有当该合伙企业是缔约对方居民的情况下，其在中国负有纳税义务的所得才能享受协定待遇。如果根据缔约对方国内法，合伙企业不是其居民，则该合伙企业不适用税收协定。

（三）依照外国（地区）法律成立的合伙企业税收居民身份证明的问题

税收协定中居民条款一般规定，在协定中，“缔约国一方居民”一语是指按照该缔约国法律，由于住所、居所、成立地、实际管理机构所在地，或其他类似的标准，在该缔约国负有纳税义务的人，并且包括该缔约国及其地方当局。因此，合伙企业根据《非居民纳税人享受税收协定待遇管理办法》（国家税务总局公告2015年第60号发布）第七条报送的由缔约对方税务主管当局开具的税收居民身份证明，应能证明其根据缔约对方国内法，因住所、居所、成立地、管理机构所在地或其他类似标准，在缔约对方负有纳税义务。如果根据缔约对方国内法，合伙企业不符合上述条件，则即使缔约对方税务主管当局以享受协定待遇为目的开具了税收居民身份证明，但如果未证明该合伙企业根据缔约对方国内法，因住所、居所、成立地、管理机构所在地或其他类似标准，在缔约对方负有纳税义务，则不能充分证明该合伙企业为税收协定意义上的缔约对方居民。

五、《公告》的施行时间和废止条款

本《公告》自2018年4月1日起施行。《〈中华人民共和国政府和新加坡共和国政府关于对所得避免双重征税和防止偷漏税的协定〉及议定书条文解释》（国税发〔2010〕75号）第八条和第十七条同时废止。

政策链接

国家税务总局关于税收协定执行若干问题的公告

国家税务总局公告 2018 年第 11 号

为统一和规范我国政府对外签署的避免双重征税协定（简称“税收协定”）的执行，现对税收协定中常设机构、海运和空运、演艺人员和运动员条款，以及合伙企业适用税收协定等有关事项公告如下：

一、不具有法人资格的中外合作办学机构，以及中外合作办学项目中开展教育教学活动的场所构成税收协定缔约对方居民在中国的常设机构。

常设机构条款中关于劳务活动构成常设机构的表述为“在任何十二个月中连续或累计超过六个月”的，按照“在任何十二个月中连续或累计超过183天”的表述执行。

二、海运和空运条款与《中华人民共和国政府和新加坡共和国政府关于对所得避免双重征税和防止偷漏税的协定》及议定书（以下简称“中新税收协定”）第八条（海运和空运）规定内容一致的，按照以下原则执行：

（一）缔约国一方企业以船舶或飞机从事国际运输业务从缔约国另一方取得的收入，在缔约国另一方免予征税。

从事国际运输业务取得的收入，是指企业以船舶或飞机经营客运或货运取得的收入，以及以程租、期租形式出租船舶或以湿租形式出租飞机（包括所有设备、人员及供应）取得的租赁收入。

（二）上述第（一）项的免税规定也适用于参加合伙经营、联合经营或参加国际经营机构取得的收入。对于多家公司联合经营国际运输业务的税务处理，应由各参股或合作企业就其分得利润分别在其所属居民国纳税。

（三）中新税收协定第八条第三款中“缔约国一方企业从附属于以船舶或飞机经营国际运输业务有关的存款中取得的利息收入”，是指缔约国双方从事国际运输业务的海运或空运企业，从对方取得的运输收入存于对方产生的利息。该利息不适用中新税收协定第十一条（利息）的规定，应视为国际运输业务附带发生的收入，在来源国免予征税。

（四）企业从事以光租形式出租船舶或以干租形式出租飞机，以及使用、保存或出租用于运输货物或商品的集装箱（包括拖车和运输集装箱的有关设备）等租赁业务取得的收入不属于国际运输收入，但根据中新税收协定第八条第四款，附属于国际运输业务的上述租赁业务收入应视同国际运输收入处理。

“附属”是指与国际运输业务有关且服务于国际运输业务，属于支持和附带性质。企业就其从事附属于国际运输业务的上述租赁业务取得的收入享受海运和空运条款协定待遇，应满足以下三个条件：

1.企业工商登记及相关凭证资料能够证明企业主营业务为国际运输；

2.企业从事的附属业务是其在经营国际运输业务时，从事的对主营业务贡献较小但与主营业务联系非常紧密、不能作为一项单独业务或所得来源的活动；

3.在一个会计年度内，企业从事附属业务取得的收入占其国际运输业务总收入的比例原则上不超过10%。

（五）下列与国际运输业务紧密相关的收入应作为国际运输收入的一部分：

1.为其他国际运输企业代售客票取得的收入；

2.从市区至机场运送旅客取得的收入；

3.通过货车从事货仓至机场、码头或者后者至购货者间的运输，以及直接将货物发送至购货者取得的运输收入；

4.企业仅为其承运旅客提供中转住宿而设置的旅馆取得的收入。

（六）非专门从事国际运输业务的企业，以其拥有的船舶或飞机经营国际运输业务取得的收入属于国际运输收入。

三、海运和空运条款中没有中新税收协定第八条第四款规定的，有关税收协定缔约对方居民从事本公告第二条第（四）项所述租赁业务取得的收入的处理，参照本公告第二条第（四）项执行。

四、演艺人员和运动员条款与中新税收协定第十七条（艺术家和运动员）规定内容一致的，按照以下原则执行：

（一）演艺人员活动包括演艺人员从事的舞台、影视、音乐等各种艺术形式的活动；以演艺人员身份开展的其他个人活动（例如演艺人员开展的电影宣传活动，演艺人员或运动员参加广告拍摄、企业年会、企业剪彩等活动）；具有娱乐性质的涉及政治、社会、宗教或慈善事业的活动。

演艺人员活动不包括会议发言，以及以随行行政、后勤人员（例如摄影师、制片人、导演、舞蹈设计人员、技术人员以及流动演出团组的运送人员等）身份开展的活动。

在商业活动中进行具有演出性质的演讲不属于会议发言。

（二）运动员活动包括参加赛跑、跳高、游泳等传统体育项目的活动；参加高尔夫球、赛马、足球、板球、网球、赛车等运动项目的活动；参加台球、象棋、桥牌比赛、电子竞技等具有娱乐性质的赛事的活动。

（三）以演艺人员或运动员身份开展个人活动取得的所得包括开展演出活动取得的所得（例如出场费），以及与开展演出活动有直接或间接联系的所得（例如广告费）。

对于从演出活动音像制品出售产生的所得中分配给演艺人员或运动员的所得，以及与演艺人员或运动员有关的涉及版权的所得，按照中新税收协定第十二条（特许权使用费）的规定处理。

（四）在演艺人员或运动员直接或间接取得所得的情况下，依据中新税收协定第十七条第一款规定，演出活动发生的缔约国一方可以根据其国内法，对演艺人员或运动员取得的所得征税，不受到中新税收协定第十四条（独立个人劳务）和第十五条（非独立个人劳务）规定的限制。

（五）在演出活动产生的所得全部或部分由其他人（包括个人、公司和其他团体）收取的情况下，如果依据演出活动发生的缔约国一方国内法规定，由其他人收取的所得应被视为由演艺人员或运动员取得，则依据中新税收协定第十七条第一款规定，演出活动发生的缔约国一方可以根据其国内法，向演艺人员或运动员就演出活动产生的所得征税，不受到中新税收协定第十四条（独立个人劳务）和第十五条（非独立个人劳务）规定的限制；如果演出活动发生的缔约国一方不能依据其国内法将由其他人收取的所得视为由演艺人员或运动员取得，则依据中新税收协定第十七条第二款规定，该国可以根据其国内法，向收取所得的其他人就演出活动产生的所得征税，不受到中新税收协定第七条（营业利润）、第十四条（独立个人劳务）和第十五条（非独立个人劳务）规定的限制。

五、有关合伙企业及其他类似实体（以下简称“合伙企业”）适用税收协定的问题，应按以下原则执行：

（一）依照中国法律在中国境内成立的合伙企业，其合伙人为税收协定缔约对方居民的，该合伙人在中国负有纳税义务的所得被缔约对方视为其居民的所得的部分，可以在中国享受协定待遇。

（二）依照外国（地区）法律成立的合伙企业，其实际管理机构不在中国境内，但在中国境内设立机构、场所的，或者在中国境内未设立机构、场所，但有来源于中国境内所得的，是中国企业所得税的非居民企业纳税人。除税收协定另有规定的以外，只有当该合伙企业是缔约对方居民的情况下，其在中国负有纳税义务的所得才能享受协定待遇。该合伙企业根据《非居民纳税人享受税收协定待遇管理办法》（国家税务总局公告2015年第60号发布）第七条报送的由缔约对方税务主管当局开具的税收居民身份证明，应能证明其根据缔约对方国内法，因住所、居所、成立地、管理机构所在地或其他类似标准，在缔约对方负有纳税义务。

税收协定另有规定的情况是指，税收协定规定，当根据缔约对方国内法，合伙企业取得的所得被视为合伙人取得的所得，则缔约对方居民合伙人应就其从合伙企业取得所得中分得的相应份额享受协定待遇。

六、内地与香港、澳门特别行政区签署的避免双重征税安排执行的有关问题适用本公告。

七、本公告自2018年4月1日起施行。《〈中华人民共和国政府和新加坡共和国政府关于对所得避免双重征税和防止偷漏税的协定〉及议定书条文解释》（国税发〔2010〕75号）第八条和第十七条同时废止。

特此公告。

国家税务总局

2018年2月9日

关于《国家税务总局关于税务师事务所行政登记有关问题的公告》的解读

Interpretations of SAT Public Notice on Administrative Registration of Tax Consulting Agencies

为贯彻党的十九大关于深化商事制度改革、放宽服务业准入限制的要求，促进税务师事务所业务创新、技术创新、转型升级和规范、健康发展，依据《税务师事务所行政登记规程（试行）》（国家税务总局公告2017年第31号发布）第十四条规定，国家税务总局研究制定了《国家税务总局关于税务师事务所行政登记有关问题的公告》（以下简称《公告》），《公告》属于规范性文件。现将《公告》解读如下：

一、《公告》的定位是什么？

《税务师事务所行政登记规程（试行）》规定了税务师事务所行政登记的基本条件、办理行政登记需要提交的资料、税务机关的办理程序和步骤、行政相对人的权利等主要内容，同时明确税务师事务所组织形式创新相关试点工作由国家税务总局研究推进。《公告》是研究推进税务师事务所组织形式创新相关试点工作的具体内容。

二、《公告》出台的意义是什么？

一是贯彻党的十九大关于深化商事制度改革、放宽服务业准入限制的要求和国务院简政放权、放管结合、优化服务的要求的具体体现。

二是研究推进税务师事务所组织形式创新，由税务师事务所和从事涉税专业服务的科技、咨询公司担任税务师事务所的合伙人或者股东，有利于促进税务师事务所业务创新、技术创新、转型升级和规范、健康发展，维护国家税收利益，保护纳税人合法权益。

三、从事涉税专业服务的科技、咨询公司的范围是什么？

主要业务范围是从事涉税专业服务科技产品的技术开发、技术咨询、技术服务的科技公司和从事《涉税专业服务监管办法（试行）》（国家税务总局公告2017年第13号发布）规定的涉税业务的咨询公司。

四、税务师事务所和从事涉税专业服务的科技、咨询公司担任税务师事务所合伙人或者股东的，如何办理行政登记？

税务师事务所组织形式创新相关试点工作由国家税务总局研究推进，各省、自治区、直辖市和计划单列市税务机关按照《税务师事务所行政登记规程（试行）》的规定办理行政登记。

政策链接

国家税务总局关于税务师事务所行政登记有关问题的公告

国家税务总局公告2018年第4号

为贯彻党的十九大关于深化商事制度改革、放宽服务业准入限制的要求，深化税务系统“放管服”改革，维护国家税收利益，保护纳税人合法权益，促进税务师事务所转型升级，依据《税务师事务所行政登记规程（试行）》（国家税务总局公告2017年第31号发布）第十四条规定，现就税务师事务所行政登记有关问题公告如下：

一、符合以下条件的税务师事务所，可以担任税务师事务所的合伙人或者股东：

（一）执行事务合伙人或者法定代表人由税务师担任；

（二）前3年内未因涉税专业服务行为受到税务行政处罚；

（三）法律行政法规和国家税务总局规定的其他条件。

二、符合以下条件的从事涉税专业服务的科技、咨询公司，可以担任税务师事务所的合伙人或者股东：

（一）由税务师或者税务师事务所的合伙人（股东）发起设立，法定代表人由税务师担任；

（二）前3年内未因涉税专业服务行为受到税务行政处罚；

（三）法律行政法规和国家税务总局规定的其他条件。

三、本公告自2018年3月1日起施行。

特此公告。

国家税务总局

2018年1月12日

主要涉税文件目录（2018年第1季度）

Catalogue of Important Tax Circulars in Quarter 1, 2018

序号	文件名称	文　号	发文日期
1	国家税务总局关于成品油消费税征收管理有关问题的公告	国家税务总局公告2018年第1号	2018年1月2日
2	国家税务总局关于长期来华定居专家免征车辆购置税有关问题的公告	国家税务总局公告2018年第2号	2018年1月2日
3	国家税务总局关于境外投资者以分配利润直接投资暂不征收预提所得税政策有关执行问题的公告	国家税务总局公告2018年第3号	2018年1月2日
4	财政部　国家发展改革委　环境保护部　国家海洋局关于停征排污费等行政事业性收费有关事项的通知	财税〔2018〕4号	2018年1月7日
5	财政部　海关总署　税务总局关于完善启运港退税政策的通知	财税〔2018〕5号	2018年1月8日
6	国家税务总局关于税务师事务所行政登记有关问题的公告	国家税务总局公告2018年第4号	2018年1月12日
7	国家税务总局　财政部　海关总署关于扩大赋予海关特殊监管区域企业增值税一般纳税人资格试点的公告	国家税务总局公告2018年第5号	2018年1月12日
8	工商总局　税务总局关于加强信息共享和联合监管的通知	工商企注字〔2018〕11号	2018年1月15日
9	国家税务总局关于发布出口退税率文库2018A版的通知	税总函〔2018〕37号	2018年1月24日
10	国家发展改革委　人民银行　质检总局　中央宣传部　中央文明办　中央网信办　科技部　工业和信息化部　公安部　财政部　人力资源社会保障部　国土资源部　环境保护部　住房城乡建设部　交通运输部　水利部　农业部　商务部　文化部　卫生计生委　国资委　海关总署　税务总局　工商总局　新闻出版广电总局　安全监管总局　食品药品监管总局　林业局　知识产权局　旅游局　法制办　银监会　证监会　保监会　海洋局　民航局　外汇局　全国总工会　共青团中央　全国工商联　贸促会　铁路总公司印发《关于对出入境检验检疫企业实施守信联合激励和失信联合惩戒的合作备忘录》的通知	发改财金〔2018〕176号	2018年1月25日
11	财政部　税务总局关于调整湖南省砂石资源税适用税率的批复	财税〔2018〕9号	2018年1月25日
12	国家税务总局关于发布《环境保护税纳税申报表》的公告	国家税务总局公告2018年第7号	2018年1月27日

（续表）

序号	文件名称	文　号	发文日期
13	国家税务总局关于增值税一般纳税人登记管理若干事项的公告	国家税务总局公告2018年第6号	2018年1月29日
14	国家税务总局关于纳税信用评价有关事项的公告	国家税务总局公告2018年第8号	2018年2月1日
15	国家税务总局关于税收协定中“受益所有人”有关问题的公告	国家税务总局公告2018年第9号	2018年2月3日
16	国家税务总局关于公布符合条件的销售熊猫普制金币纳税人名单（第九批）暨不符合条件的纳税人退出名单（第三批）的公告	国家税务总局公告2018年第10号	2018年2月5日
17	财政部　税务总局关于非营利组织免税资格认定管理有关问题的通知	财税〔2018〕13号	2018年2月7日
18	国家税务总局关于税收协定执行若干问题的公告	国家税务总局公告2018年第11号	2018年2月9日
19	国家发展改革委　人民银行　民政部　中央文明办　中央网信办　最高人民法院　教育部　科技部　工业和信息化部　公安部　司法部　财政部　人力资源社会保障部　国土资源部　环境保护部　住房城乡建设部　交通运输部　文化部　卫生计生委　海关总署　税务总局　工商总局　质检总局　新闻出版广电总局　体育总局　食品药品监管总局　知识产权局　旅游局　银监会　证监会　保监会　民航局　文物局　国务院扶贫办　全国总工会　共青团中央　全国妇联　中国科协　贸促会　铁路总公司印发《关于对慈善捐赠领域相关主体实施守信联合激励和失信联合惩戒的合作备忘录》的通知	发改财金〔2018〕331号	2018年2月11日
20	财政部　税务总局关于公益性捐赠支出企业所得税税前结转扣除有关政策的通知	财税〔2018〕15号	2018年2月11日
21	免征车辆购置税的新能源汽车车型目录（第十六批）	工业和信息化部　国家税务总局公告2018年第11号	2018年2月13日
22	国家税务总局关于开展2018年“便民办税春风行动”的意见	税总发〔2018〕19号	2018年2月22日
23	国家税务总局关于发布《办税事项“最多跑一次”清单》的公告	国家税务总局公告2018年第12号	2018年2月23日
24	国家税务总局关于推行办税事项“最多跑一次”改革的通知	税总发〔2018〕26号	2018年2月27日

（续表）

序号	文件名称	文　号	发文日期
25	国家税务总局关于《增值税纳税申报比对管理操作规程（试行）》执行有关事项的通知	税总函〔2018〕94 号	2018 年 2 月 27 日
26	国家发展改革委　人民银行　交通运输部　中央宣传部　中央文明办　中央网信办　工业和信息化部　财政部　人力资源社会保障部　国土资源部　环境保护部　住房城乡建设部　水利部　商务部　文化部　国资委　海关总署　税务总局　质检总局　安全监管总局　林业局　知识产权局　旅游局　银监会　证监会　保监会　海洋局　铁路局　民航局　邮政局　全国总工会　共青团中央　全国妇联　全国工商联　贸促会　中国铁路总公司印发《关于对交通运输工程建设领域守信典型企业实施联合激励的合作备忘录》的通知	发改财金〔2018〕377 号	2018 年 2 月 28 日
27	国务院办公厅关于印发国务院 2018 年立法工作计划的通知	国办发〔2018〕14 号	2018 年 3 月 2 日
28	国家发展改革委　中央文明办　最高人民法院　财政部　人力资源社会保障部　税务总局　证监会　铁路总公司关于在一定期限内适当限制特定严重失信人乘坐火车推动社会信用体系建设的意见	发改财金〔2018〕384 号	2018 年 3 月 2 日
29	国家发展改革委　民航局　中央文明办　最高人民法院　财政部　人力资源社会保障部　税务总局　证监会关于在一定期限内适当限制特定严重失信人乘坐民用航空器推动社会信用体系建设的意见	发改财金〔2018〕385 号	2018 年 3 月 2 日
30	财政部　税务总局关于继续支持企业　事业单位改制重组有关契税政策的通知	财税〔2018〕17 号	2018 年 3 月 2 日
31	国家发展改革委　人民银行　商务部　中央组织部　中央宣传部　中央文明办　最高人民法院　科技部　公安部　财政部　人力资源社会保障部　国土资源部　住房城乡建设部　交通运输部　水利部　海关总署　税务总局　工商总局　新闻出版广电总局　银监会　证监会　保监会　国家公务员局　民航局　全国总工会　共青团中央　全国妇联　铁路总公司印发《关于对家政服务领域相关失信责任主体实施联合惩戒的合作备忘录》的通知	发改财金〔2018〕277 号	2018 年 3 月 7 日
32	国家税务总局办公厅关于启用“国家税务总局政务公开专用章”的通知	税总办函〔2018〕96 号	2018 年 3 月 8 日

（续表）

序号	文件名称	文　号	发文日期
33	财政部　税务总局　证监会关于支持原油等货物期货市场对外开放税收政策的通知	财税〔2018〕21 号	2018 年 3 月 13 日
34	财政部　海关总署　税务总局关于 2018 年度种子种源免税进口计划的通知	财关税〔2018〕6 号	2018 年 3 月 15 日
35	国家税务总局关于发布财务报表数据转换参考标准及完善网上办税系统的通知	税总发〔2018〕32 号	2018 年 3 月 16 日
36	国家税务总局办公厅关于开展第 27 个全国税收宣传月活动的通知	税总办发〔2018〕38 号	2018 年 3 月 16 日
37	财政部　税务总局　国家发展改革委　工业和信息化部关于集成电路生产企业有关企业所得税政策问题的通知	财税〔2018〕27 号	2018 年 3 月 28 日
38	财政部　商务部　文化和旅游部　海关总署　国家税务总局关于印发口岸进境免税店管理暂行办法补充规定的通知	财关税〔2018〕4 号	2018 年 3 月 29 日
39	财政部　税务总局关于对页岩气减征资源税的通知	财税〔2018〕26 号	2018 年 3 月 29 日
40	财政部　税务总局　生态环境部关于环境保护税有关问题的通知	财税〔2018〕23 号	2018 年 3 月 30 日
41	国家税务总局关于发布《资源税征收管理规程》的公告	国家税务总局公告 2018 年第 13 号	2018 年 3 月 30 日

中国税收要事（2018年第1季度）

Major Events of China Taxation in Quarter 1, 2018

1月

1月13日 国家税务总局组织开展2017年度数字人事业务能力升级和领导胜任力测试。参测单位包括税务总局机关部分司局、国税系统35个省局试点单位和地税系统5个省局试点单位。税务系统此次“两测”共设31个考区、51个考点、245个考场。1万余名干部参加测试。税务总局党组成员、副局长于春生对税务总局机关考点进行了巡考。

1月17日 全国税务工作会议在北京召开。会议的主要任务是，全面贯彻落实党的十九大精神，以习近平新时代中国特色社会主义思想为指导，传达学习贯彻李克强总理、张高丽副总理重要批示精神，总结去年和过去五年税收工作情况，研究今后一个时期税收工作思路，部署2018年工作任务，高质量推进新时代税收现代化。国家税务总局党组书记、局长王军作工作报告。会议以视频形式召开。税务总局党组成员、副局长于春生主持会议，税务总局领导、部分老领导、各司局主要负责人，各省、自治区、直辖市和计划单列市国税局、地税局主要负责人，中央和国家机关有关部门负责人参加会议。

1月22日 国家税务总局在北京召开全国税务系统全面从严治党工作会议。税务总局党组书记、局长王军代表税务总局党组作工作报告，中央纪委驻税务总局纪检组组长、税务总局党组成员张敏讲话。王军强调，要以习近平新时代中国特色社会主义思想为指导，全面贯彻党的十九大精神，深入贯彻落实十九届中央纪委二次全会精神，紧紧围绕坚持和加强党的全面领导，以党的政治建设为统领，以永远在路上的执着把税务系统全面从严治党引向深入，为高质量推进新时代税收现代化提供坚强保证。税务总局党组成员、副局长于春生主持会议。税务总局领导，各司局主要负责同志，各省、自治区、直辖市和计划单列市国税局、地税局分管党建工作的局领导和纪检组长参加会议，中央纪委、中央国家机关纪工委有关部门负责同志应邀出席会议。会议以视频形式开到省、市、县国税局、地税局。

1月22日 国家税务总局党组书记、局长王军主持召开党组会议，传达学习贯彻党的十九届二中全会精神。会议要求，税务总局党组和各级税务机关党组及广大党员干部，要旗帜鲜明讲政治，进一步增强“四个意识”，坚定“四个自信”，坚决维护习近平总书记在党中央和全党的核心地位，坚决维护以习近平同志为核心的党中央权威和集中统一领导，高质量推进新时代税收现代化，为推进全面依法治国、决胜全面建成小康社会、夺取新时代中国特色社会主义伟大胜利做出新的更大的贡献。

1月26日 税务总局党组召开2017年度民主生活会。会议以认真学习领会习近平新时代中国特色社会主义思想，坚定维护以习近平同志为核心的党中央权威和集中统一领导，全面贯彻落实党的十九大各项决策部署为主题，对照《中共中央政治局关于加强和维护党中央集中统一领导的若干规定》《中共中央政治局贯彻落实中央八项规定实施细则》精神，对照初心和使命，坚持理论联系实际，坚持问题导向，联系违纪违法反面典型，联系巡视巡察发现的问题，深入查找突出问题，严肃开展批评和自我批评。税务总局党组书记、局长王军主持会议。

1 月 29 日　国家税务总局党组书记、局长王军参加广东省广州市荔湾区国税局党组民主生活会，并慰问基层税务干部。王军强调，各级税务机关党组要把开好民主生活会作为强化政治担当、提升党性修养、转变工作作风的重要方式，不断增强凝聚力战斗力，为高质量推进新时代税收现代化提供坚强保证。

1 月 31 日　由中国国际税收研究会、中国税务杂志社和中国税务报社主办的 2017 年世界税收十件大事新闻发布会在北京举行。国家税务总局副局长孙瑞标出席新闻发布会并讲话。孙瑞标表示，当前中国在全球税收领域的参与度、话语权和影响力不断提升，党的十九大作出了中国特色社会主义进入新时代的重大政治判断，中央经济工作会议进一步作出了我国经济已由高速增长阶段转向高质量发展阶段的重大战略论断。中国国际税收研究工作面临新的任务和挑战，要积极主动应对新任务新挑战，不断提升中国国际税收研究的成熟度、权威性和影响力。

2 月

2 月 1 日　国家税务总局举行新闻发布会，介绍 2017 年税务部门组织税收收入、落实减税政策、推进绿色税制建设、优化税收营商环境等方面情况。2017 年，全国税务系统深入学习贯彻习近平新时代中国特色社会主义思想和党的十九大精神，认真落实党中央、国务院的决策部署，全年组织税收收入（已扣除出口退税）12.6 万亿元，同比增长 8.7%，扭转了近年来税收增长持续放缓的状况，税收与经济增长的协调性明显增强。

2 月 5 日　国家税务总局召开全国税务系统推进内控机制建设工作视频会议。会议传达税务总局党组书记、局长王军对内控机制建设工作的批示精神，交流试点单位工作经验，部署推进税务系统内控机制建设工作任务。税务总局总审计师刘丽坚出席会议并讲话。中央纪委驻税务总局纪检组负责人，税务总局机关各单位负责人在主会场参加会议。安徽、浙江、青岛国税局，内蒙古、江西地税局和税务总局稽查局等 6 家单位作了交流发言。

2 月 14 日　第一届税收合作平台全球大会在美国纽约联合国总部开幕，主题是“税收与可持续发展目标”，中国国家税务总局局长王军应邀出席大会并作主旨发言。第一届税收合作平台全球大会由国际货币基金组织、经济合作与发展组织、联合国和世界银行联合举办，旨在加强各国税收合作，支持发展中国家税收能力建设。在美期间，王军还访问了国际货币基金组织、世界银行总部和美国国内收入局，就协调推进国际税收改革、加强“一带一路”多边税务合作等问题深入交换了意见。

2 月 22 日　春节后上班第一天，国家税务总局党组书记、局长王军主持召开税务总局机关各单位主要负责人会议，研究部署近期重点工作。王军强调，税务总局党组和各司局、各级税务部门要以习近平新时代中国特色社会主义思想为指导，全面贯彻党的十九大精神，坚决落实党中央、国务院决策部署，提升站位、抖擞精神、卯足干劲，真抓实干起好步，团结奋斗开好局，迅速进入工作状态，把各项工作安排好、落实好。税务总局各位局领导、总局机关各单位主要负责人参加了会议。

2月26日 国家税务总局举办2018年“便民办税春风行动”启动暨办税事项“最多跑一次”清单发布活动，发布《办税事项“最多跑一次”清单》。国家税务总局副局长任荣发表示，税务部门将进一步减少办税时间，简并申报资料，优化服务质效，不断提升纳税人的满意度、遵从度和获得感，努力营造良好的税收营商环境。

2月27日 国家税务总局举行2018年第一季度税收政策解读辅导视频会暨新闻发布会，就完善企业境外所得税收抵免政策、企业所得税年度纳税申报表修订、环境保护税相关政策等内容进行解读。

3月

3月1日 国家税务总局党组书记、局长王军主持召开党组会议，传达学习党的十九届三中全会精神。会议强调，全国税务系统广大党员干部，要旗帜鲜明讲政治，紧密结合学习领会党的十九届三中全会精神，增强“四个意识”，坚定“四个自信”，做到“四个服从”，坚持统筹兼顾，精心做好听取代表委员意见建议、新闻宣传、信访维稳和建议提案办理等全国“两会”涉及税务部门的各项工作；切实抓好组织税收收入、开展“便民办税春风行动”和优化营商环境等重点工作，有力服务和促进我国经济高质量发展。

3月21日 国家税务总局党组书记、局长王军主持召开党组扩大会议，传达学习十三届全国人大一次会议和全国政协十三届一次会议精神，研究部署税务系统贯彻落实工作。会议强调，要迅速把思想和行动统一到全国两会精神上来。当前，全国税务系统要把学习贯彻习近平总书记重要讲话和全国两会精神作为一项重要政治任务抓紧抓好抓出实效。要通过各种形式认真传达学习，自觉把思想和行动统一到习近平总书记重要讲话精神上来、统一到全国两会决策部署上来，逐项对标全国两会对税收工作的部署要求，不折不扣地落到实处。

3月26日 为确保环境保护税4月首个征期平稳落地，税务总局党组书记、局长王军，党组成员、副局长孙瑞标、任荣发，与重庆、江苏、湖北等地税务部门进行视频连线，巡查环保税征管准备工作进展情况。连线中，王军重点了解了各地税务部门征管信息系统建设、纳税申报辅导等方面工作情况，并与重庆市税务和环保部门有关负责同志交流了环保税征管部门合作情况。王军指出，环保税征管准备工作任务艰巨，已有工作成果来之不易，感谢各级地方政府和环保部门的大力支持。各级税务机关要充分利用好环保税征管部门协作机制，确保工作有序推进，首个征期平稳落地。

3月30日 国家税务总局举行“优化税收营商环境 助力经济高质量发展”主题座谈会，邀请企业界代表共商税收改革发展大计、共谋税收助力企业发展良策，并由此拉开第27个全国税收宣传月的序幕。国家税务总局党组书记、局长王军出席座谈会并讲话。王军强调，全国税务系统要深入学习贯彻习近平新时代中国特色社会主义思想和党的十九大精神，一以贯之深化税收改革、不折不扣落实优惠政策、不断改进纳税服务，千方百计培育厚植税源，持续优化税收营商环境，深入推进经济高质量发展。

全国主要经济指标情况表

Table of Major Economic Indicators Nationwide

报表所属期：2018年3月

项目 \ 指标	单位	本月		累计	
		绝对额	比上年同期（±%）	绝对额	比上年同期（±%）
1. 国内生产总值	亿元	0	0	198783.1	6.8
2. 规模以上工业增加值	亿元	0	6	0	6.8
其中：国有及国有控股企业	亿元	0	5.7	0	7.9
集体企业	亿元	0	3.9	0	0.1
股份制企业	亿元	0	6.5	0	7
外商及港澳台投资企业	亿元	0	4.9	0	5.5
3. 工业产品销售率	%	0	0	97.9	0.3
4. 工业用电量	亿千瓦时	3534	-1.4	10379	6.5
5. 发电量	亿千瓦时	5283.4	2.1	15762.7	8
6. 规模以上工业企业利润总额	亿元	5897.5	3.1	15533.2	11.6
7. 固定资产投资额（不含农户）	亿元	56163.6	7.2	100810.4	7.5
其中：建筑安装工程投资额	亿元	38365.4	4.3	70377.9	5.5
房地产开发投资额	亿元	10460.2	10.8	21291.3	10.4
8. 商品房销售额	亿元	10964.6	-11.4	25597.2	10.4
9. 财政收入	亿元	13993	8.4	50546.4	13.6
10. 财政支出	亿元	21935.2	4.2	50997	10.9
11. 城镇居民家庭人均可支配收入	元/人	0	0	10781	5.7
12. 现金流通量（M_0）月末余额	亿元	0	0	72692.6	6
13. 狭义货币供应量（M_1）月末余额	亿元	0	0	523540.1	7.1
14. 广义货币供应量（M_2）月末余额	亿元	0	0	1739859.5	8.2
15. 金融机构人民币各项存款月末余额	亿元	0	0	1691816	0
其中：住户存款月末余额	亿元	0	0	686803.6	0
16. 金融机构人民币各项贷款月末余额	亿元	0	0	1249814.1	0
17. 进出口总额	亿元	22452.7	-2.5	67515.9	9.4
其中：出口总额	亿元	11077.5	-9.8	35388.9	7.4
其中：一般贸易	亿元	5932	-9	19817.9	13.3
其中：进口总额	亿元	11375.3	5.9	32127.1	11.7
其中：一般贸易	亿元	6941.4	6.3	19526.6	13
18. 全社会货运量	亿吨	39.2	6.3	102.2	6.3
19. 汽车销量	万辆	0	0	0	0
20. 社会消费品零售总额	亿元	29193.6	10.1	90275.4	9.8
21. 股票成交金额	亿元	102845.6	-11.3	217735.4	-17.7
22. 全国居民消费价格指数	%	102.1	2.1	102.1	2.1
23. 商品零售价格指数	%	101.4	1.4	101.6	1.6
24. 工业生产者出厂价格指数	%	103.1	3.1	103.7	3.7
25. 工业生产者购进价格指数	%	103.7	3.7	104.4	4.4

数据来源：国家统计局（http://www.stats.gov.cn），国家能源局（http://www.nea.gov.cn）。

近年经济
Table of Economic

报表所属期：2018年3月

年	月	国内生产总值	比同期(±%)(可比价)	比同期(±%)(现价)	工业增加值	比同期(±%)	工业企业利润总额	比同期(±%)	工业生产者出厂价格指数	居民消费价格指数	固定资产投资额(不含农户)	比同期(±%)
2014		643974	7.3	9.5	228123	6.9	68155	-0.3	98.1	102.0	501265	15.0
2015		685506	6.9	6.4	228974	5.9	63554	-2.3	94.8	101.4	551590	10.0
2016		0	0			6.0	8444	2.3	105.5	102.1	57953	6.5
2017	**1**	0	0.0	0.0	0	0	0	0.0	106.9	102.5	0	0
	2	0	0	0	0	0	0	0.0	107.8	100.8	0	0
	3	0	0	0	0	7.6	6887	23.8	107.6	100.9	52399	9.5
	4	0	0	0	0	6.5	5728	14.0	106.4	101.2	50550	8.1
	5	0	0	0	0	6.5	6260	16.7	105.5	101.5	59392	7.8
	6	0	0	0	0	7.6	7278	19.1	105.5	101.5	76887	8.8
	7	0	0	0	0	6.4	6127	16.5	105.5	101.4	56805	6.5
	8	0	0	0	0	6.0	6720	24.0	106.3	101.8	56741	3.8
	9	0	0	0	0	6.6	6622	27.7	106.9	101.6	64328	6.2
	10	0	0	0	0	6.2	7454	25.1	106.9	101.9	59340	3.2
	11	0	0	0	0	6.1	7858	14.9	105.8	101.7	57239	5.8
	12	0	0	0	0	6.2	8242	10.0	104.9	101.8	56627	-2.3
2018	**1**	0	0	0	0	0	0	0.0	104.3	101.5	0	0.0
	2	0	0	0	0	0	0	0.0	103.7	102.9	0	0.0
	3	0	0	0	0	6	5898	3.1	103.1	102.1	56164	7.2
	4											
	5											
	6											
	7											
	8											
	9											
	10											
	11											
	12											
2017	**1-2**	0	0		0	6.3	10156.8	31.5	107.3	101.7	41377.9	8.9
	1-3	180682.7	6.9	14	0	6.8	17043	28.3	107.4	101.4	93777.1	9.2
	1-4	0	0		0	6.7	22780.3	24.4	107.2	101.4	144326.8	8.9
	1-5	0	0		0	6.7	29047.6	22.7	106.8	101.4	203718.3	8.6
	1-6	381490	6.9	12	0	6.9	36337.5	22.0	106.6	101.4	280604.8	8.6
	1-7	0	0		0	6.8	42481.2	21.2	106.4	101.4	337409.5	8.3
	1-8	0	0		0	6.7	49213.5	21.6	106.4	101.5	394150.1	7.8
	1-9	593288.1	6.9	11.9	0	6.7	55846	22.8	106.5	101.5	458478.2	7.5
	1-10	0	0		0	6.7	62450.8	23.3	106.5	101.5	517818	7.3
	1-11	0	0		0	6.6	68750.1	21.9	106.4	101.5	575057.1	7.2
	1-12	827121.7	6.9	11.2	0	6.6	75187.1	21.0	106.3	101.6	631684	7.2
2018	**1-2**	0	0		0	7.2	9689	16.0	104.0	102.2	44646.8	7.9
	1-3	198783.1	6.8	10	0	6.8	15533.2	11.6	103.7	102.1	100810.4	7.5
	1-4											
	1-5											
	1-6											
	1-7											
	1-8											
	1-9											
	1-10											
	1-11											
	1-12											

数据来源：国家统计局（http://www.stats.gov.cn）。

指标情况表

Indicators in Recent Years

单位：亿元

建筑安装工程投资额	比同期(±%)	商品房销售额	比同期(±%)	社会消费品零售总额	比同期(±%)	进出口总额(亿美元)	比同期(±%)	一般贸易出口总额(亿美元)	比同期(±%)	一般贸易进口总额(亿美元)	比同期(±%)	股票成交金额	比同期(±%)
341155	17.5	76292	−6.3	271896	12.0	43015	3.4	12037	10.7	11095	0.0	742385	58.4
379728	11.3	87281	14.4	300931	10.7	245741	−7.0	75554	2.2	57323	−15.9	2550538	242.9
38482	6.6	15124	18.5	31757	10.9	25863	4.9	7562	1.7	6414	12.9	98288	−46.1
0	0	0	0	0	0	21768	19.6	7085	12.7	5388	30.8	67642	−37.5
0	0	0	0	0	0	17130	21.9	4031	−5.3	5283	54.2	80836	3.4
36791	10.1	12377	24.4	27864	10.9	23141	24.2	6562	24.6	6531	31.9	115943	−13.5
35885	9.4	10040	10.0	27279	10.7	22204	16.2	6756	13.4	5908	22.1	92083	−19.5
41949	7.8	10409	14.1	29459	10.7	23461	18.3	7371	14.8	6172	23.9	81304	−10.4
54225	9.2	15520	30.3	29808	11.0	24044	19.8	7456	15.2	6163	25.1	84759	−26.1
39512	6.6	9310	4.8	29610	10.4	23217	12.6	7297	10.2	5874	14.8	97612	−23.3
40236	3.5	9634	6.4	30330	10.1	24084	10.2	7556	8.5	6033	16.0	117672	5.3
45166	4.9	13808	1.6	30870	10.3	24576	13.6	7171	15.4	6577	24.0	115101	39.3
41098	5.5	11087	−1.7	34241	10.0	22425	10.2	6703	12.6	5684	23.9	79400	2.8
39331	6.9	12490	13.3	34108	10.2	26049	12.6	7738	16.4	6836	22.4	112036	−13.7
37661	−2.1	18221	20.5	34734	9.4	27066	4.5	8364	10.6	6732	4.1	80238	−18.4
0	0.0	0	0	0	0	25130	16.2	7491	7.1	7239	33.2	114890	69.9
0	0.0	0	0	0	0	20011	17.2	6438	61.6	5336	0.5	0	0.0
38365	4.3	10965	−11.4	29194	10.1	22453	−2.5	5932	−9.0	6941	6.3	102846	−11.3
29918.2	9.9	10805.5	26	57359.7	9.5	38900.4	20.6	11114.6	5.4	10675.8	41.5	148477.4	−20.4
66708.9	10.1	23182.3	25.1	85823.4	10	61983.3	21.8	17647.7	11.6	17216.9	37.8	264420.7	−17.5
102593.8	9.8	33222.6	20.1	113101.9	10.2	84201.5	20.3	24401	12.1	23142	33.5	356503.2	−18
144542.5	9.2	43631.7	18.6	142561.1	10.3	107633.8	19.8	31765.6	12.7	29332	31.4	437807.1	−16.7
198767.1	9.2	59151.8	21.5	172368.7	10.4	131416.6	19.6	39093.8	12.8	35476.5	30.2	522565.8	−18.4
238279.4	8.8	68461.4	18.9	201978.5	10.4	154587	18.5	46388.6	12.4	41354.3	27.8	620177.9	−19.2
278515.2	8.2	78095.6	17.2	232308.2	10.4	178370	17.1	53850	11.6	47346	26	737850.2	−16.1
323681.5	7.6	91903.5	14.6	263178.4	10.4	202887.2	16.6	60977	12	53949.7	25.8	852951.2	−11.3
364779.1	7.7	102990.3	12.6	297419.4	10.3	225225.1	15.9	67651.5	12	59622.9	25.6	932351.3	−10.3
404110.1	7.7	115480.6	12.7	331527.5	10.3	251368.7	15.6	75347.3	12.4	66491	25.4	1044386.8	−10.7
441771.5	7.7	133701.3	13.7	366261.6	10.2	277923	14.2	83325.1	11.7	73298.4	23.2	1124625.1	−11.3
32012.5	7	14632.6	4.1	61081.8	9.7	45157.4	16.7	13922.2	26.8	12575.2	17	114889.8	−22.6
70377.9	5.5	25597.2	10.4	90275.4	9.8	67515.9	9.4	19817.9	13.3	19526.6	13	217735.4	−17.7

近年GDP可比价增幅图示

Diagram of Growth Rate of GDP Comparable Price in Recent Years

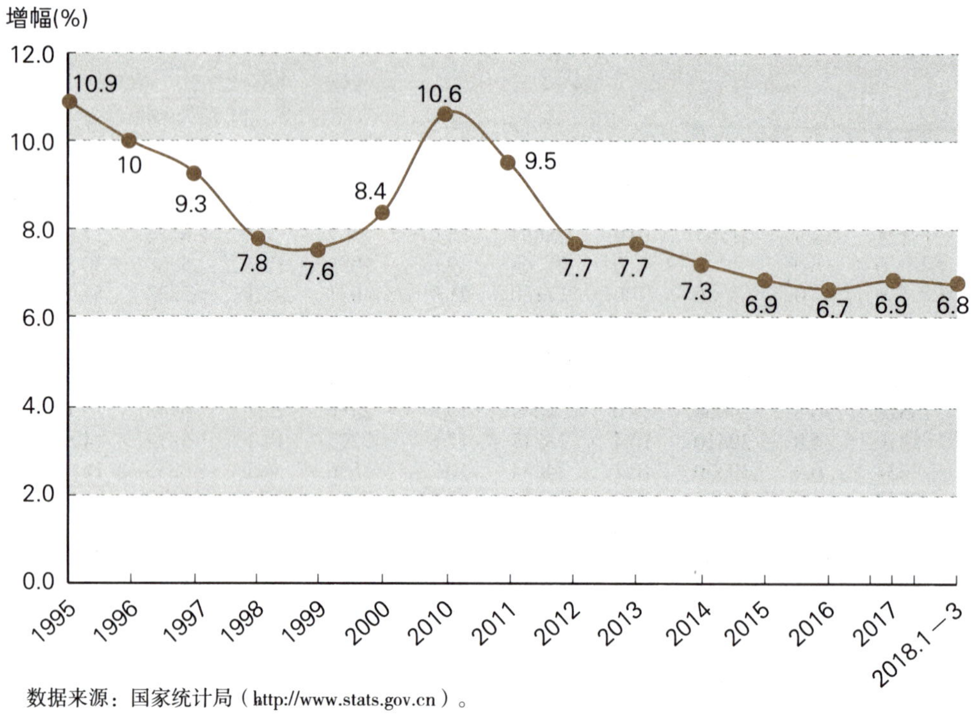

数据来源：国家统计局（http://www.stats.gov.cn）。

近年各月份工业增加值增幅图示

Diagram of Monthly Industry Growth Rate in Recent Years

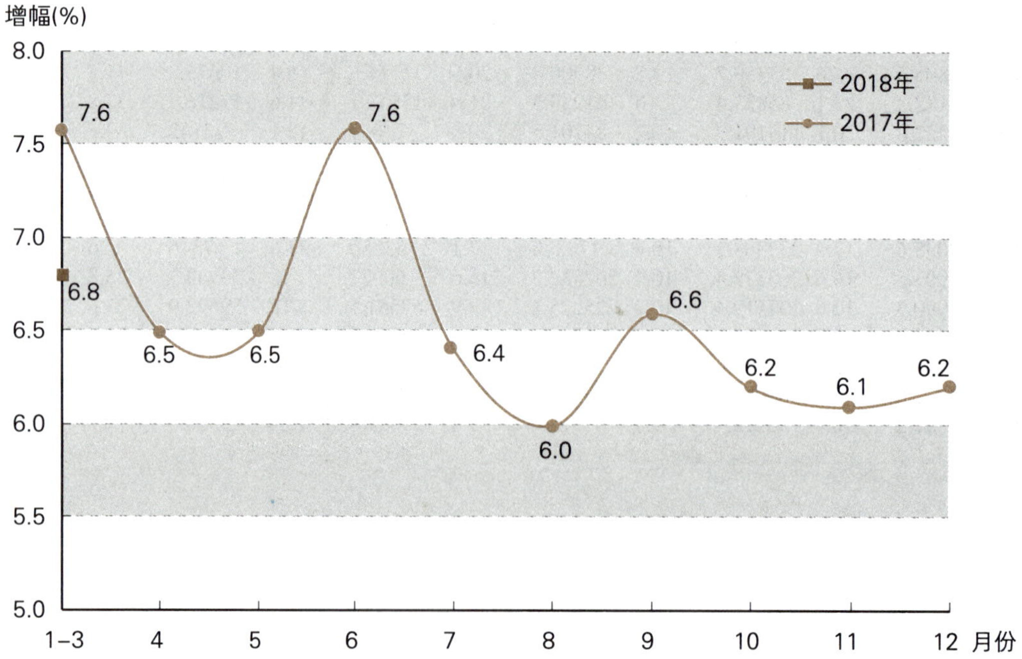

数据来源：国家统计局（http://www.stats.gov.cn）。